자동차 세일즈
실전 안내서

자동차 세일즈 실전 안내서

발행일   2019년 2월 01일

지은이   안광우
펴낸이   손형국
펴낸곳   (주)북랩
편집인   선일영   편집   오경진, 권혁신, 최승헌, 최예은, 김경무
디자인   이현수, 김민하, 한수희, 김윤주, 허지혜   제작   박기성, 황동현, 구성우, 정성배
마케팅   김회란, 박진관, 조하라
출판등록 2004. 12. 1(제2012-000051호)
주소   서울시 금천구 가산디지털 1로 168, 우림라이온스밸리 B동 B113, 114호
홈페이지 www.book.co.kr
전화번호 (02)2026-5777   팩스   (02)2026-5747

ISBN   979-11-6299-531-0 03320 (종이책)   979-11-6299-532-7 05320 (전자책)

이 도서의 국립중앙도서관 출판예정도서목록(CIP)은 서지정보유통지원시스템 홈페이지(http://seoji.nl.go.kr)와
국가자료공동목록시스템(http://www.nl.go.kr/kolisnet)에서 이용하실 수 있습니다.
(CIP제어번호: CIP2019003487)

(주)북랩 성공출판의 파트너

북랩 홈페이지와 패밀리 사이트에서 다양한 출판 솔루션을 만나 보세요!

홈페이지 book.co.kr   •   **블로그** blog.naver.com/essaybook   •   **원고모집** book@book.co.kr

고객과 판매사원 모두가 만족하는 상담의 기술

자동차 세일즈
실전 안내서

안광우 지음

북랩 book Lab

이미 많은 유능한 신차판매사원이 넘쳐나는 국내 자동차 판매 시장에서 새롭게 피어오르는 많은 신입자동차 판매사원에게 조금이나마 도움이 되고 싶은 마음으로 글을 쓰기 시작했다. 이 본문을 통하여 자동차판매의 전문성을 키우고자 한다면 이 B급 지침서와는 어울리지 않는다.

자동차관련 전문적인 서적은 넘쳐흐른다. 그 서적의 내용대로 실행하고 노력하면 될 것이다. 하지만 말처럼 쉽지는 않다. 글로 표현되는 것과 실제 상황 사이에는 엄청난 괴리가 있고 그걸 깨닫게 되기까지 오랜 시간이 걸리지 않는다.

이런, 처음부터 새로 시작하고 무지에서 출발해야 하는 자동차판매업은 결코 쉬운 일이 아니다. 하지만 노력하고 어느 적정 수준에 오르게 되면 오히려 다른 직종보다 좋은 경우가 종종 있다. 그래서 개개인의 성과 차이가 확연하게 구분되는 업종이기도 하다.

．

　신차판매사원은 어떠한 경우에 있더라도 기존 경력사원과의 경쟁에서 살아 남아야한다. 그러려면 아이러닉하게 경력사원과 친밀한 관계를 유지하여 정보와 경험을 전수받아야 이 어려운 시장에서 살아남을 수 있다. 경력사원들이 자기 살을 베어주는 것과 같은 것을 알면서도 신입사원들을 교육시키며 자리 잡을 수 있도록 도와주는 이유는 본인들도 이미 신입시절 도움 받았던 기억이 있기 때문으로, 그들은 신입사원을 배려하는 것을 꺼려하지 않는다.

　서로 경쟁을 통하여 판매되고 있는 비상식적일 수 있는 이 자동차 판매시장에서 내가 살아남았다고 여길 수 있었던 것은, 그래도 주변에 동료가 있었고 선후배가 있었기에 도움 받고 의지하고 강해질 수 있었다고 생각한다. 그래서 나도 신입시절의 많은 고뇌와 돌파구들이 새로운 신입사원들에게 도움이 된다고 하면 나만의 방식으로 전달해 주고 싶었다.

  그래서 되도록이면 신입이라고 말할 수 있는 시기에 느끼고 생각하고 결정한 내용을 정리하여 나름 원칙을 만들어 보았고, 신입의 티를 벗어던지는 시점에서 글을 종료하기로 하였다.

  세상에는 잘나고 유능한 사람만이 책을 낸다고 생각했기에 한참을 이 완성된 원고를 묵혔다. 하지만 사람의 경험은 절대 버릴 것이 없다는 믿음으로 반드시 누군가에게는 이 본문의 내용이 힘이 되고 도움이 될 것이라는 확신이 있기에 출판을 결심하였다.

  판매왕, 우수사원이 되지는 못한 나지만 그래도 B급 이상의 성적으로 이 처절히 어려운 신차판매시장에서 잘 적응하며 살아가고 있다. 그래서 신차판매 신입사원이 제일 궁금한 적응기를 남겨 보고 지식을 얻기보다는 본인의 경험을 통하여 새로운 장을 열어 주기를 진심으로 기대해 본다.

끝으로 어려운 시절 동안 묵묵히 곁에 있어준 나의 고마운 아내인 이지영에게 진심으로 감사의 마음을 전하고 싶다.

그리고 신입영업시절 잘 적응할 수 있도록 돌봐주신 쉐보레 오산 대리점 김동수 대표님과 함께 이춘식, 원상희, 강웅일, 민오순 홍근유, 김웅성, 박정이, 김복남, 김성철, 방은숙 님께 깊은 감사를 드리며, 현대자동차 오산 제일대리점으로 이직한 후 잘 적응하게 도와주신 이성수 대표님과 김진성, 강일영, 노승일, 김종태, 이균, 김인태, 정영민, 신성우, 김유한, 김용연, 김형용, 김두겸, 김창규, 서석인, 우혜민, 고우정, 차원열, 유혁재 님께 깊은 감사의 말을 전달하고 싶다. 더불어 도움주신 솔라가드 정순현, 지혜룡, 가광현, 현대광택 박종화, 충일사, 삼우사, 번호판 제작소 박일용, 조정호 형님들을 비롯한 모든 분들께 깊은 감사를 드린다.

CONTENTS

PROLOGUE

🚙 UNIT 1

⊕ UNIT 2

1. 자동차를 구매할 때 나는
다름의 차이가 무엇인가를 생각한다

　자동차를 구매할 때 그 다름의 차이는 무엇인가? 자동차에서
의 다름의 차이는 디자인과 성능, 차량 브랜드, 차량의 가격, 색
상 등 이루 말할 수 없을 만큼 다양하다고 할 수 있다. 그 다름
의 차이로 차량구매의 선택이 달라질 수 있는 것이다. 하지만 수많
은 자동차 회사들의 공통적인 광고 형태를 보면 비슷한 점을 찾아
볼 수 있게 된다. 특히 꿈과 이상을 표방하는 자동차광고는 많은
자동차회사들이 사용하고 있는 광고 수단 중 하나이며

**자동차 세일즈
실전 안내서**

"지금 타고 있고 몰고 있는 이 차량은 암묵적으로 나를 대변하고 있다."

라는 잠재의식을 심어주고 있으며 지금 이 차량이 나의 사회적, 경제적 지위를 대변해 주며, 나는 차량을 운전하는 것만으로 충분하다고 표현하는 광고 카피라이터는 우리의 감각과 욕망을 꿈틀거리게 한다.

자동차를 구매할 때 다름의 차이는 눈에 보이는 것과 눈에 보이지 않는 것으로 구별된다. 그것이 보이는 것부터 시작하지만 마음을 움직이는 것은 눈에 보이지 않는 것에 대한 것으로부터 많은 영향을 받기도 한다. 그래서 구매하는 입장에서는 다름의 차이를 잘 파악해야 하며 그 다름을 기준으로 구매를 실행할 수 있다.

파는 입장에서도 다름을 알아야 한다. 한 사람의 깊은 내면으로부터 나오는 보이지 않는 것에 집중할 필요가 있다. 그것이 신규차량 계약이라는 매출로 이어지는 도구가 될 것이다.

차량이라는 단순한 이동수단을 브랜드, 성능, 가격, 색상, 각종 옵션과 개인마다 취향이 다르다는 것을 잘 파악해야 된다. 그래야 구매자의 신뢰를 얻을 수 있기 때문이다.

과거 10일이 지나야 도착할 거리를 비행기로는 수시간, 자동차로는 하루 이상, 또는 몇 시간을 소모해 이동하고 있다. 이렇듯 인간은 목적지 도착에 소요되는 시간적 부담을 단축시켜 왔다.

크게는 전쟁을 비롯하여 작게는 공업, 상업, 관광 단체 및 개인의 수많은 목적이 있기 마련이다. 좀 더 빨리, 신속히 가고자 하는 바람이 수많은 이동수단을 발전시켜 왔음을 우리는 과거 수레바퀴와 우마차, 증기선, 기차, 자동차, 최종적으로는 비행기까지 상용화한 시대를 살아가고 있다.

이처럼 인간은 빠름의 욕망을 가지고 있고, 새로운 이동수단에 대한 기대는 남녀노소를 불문하고 가지고 있는 기본적인 성향이라는 것을 나는 알고 있다.

그렇다면 자동차 간의 다름의 기준은 오직 목적지에 최대한 빨리 도착하고자 하는 순수한 욕망에서 발현하는 것인가?

자동차 구매에 있어서 다름이 있고 그 다름을 통하여 최종 구매를 확정할 때, 사람들은 오직 목적지에 빨리 도착하는 차량을 구매하지는 않는다. 좀 더 목적에 맞는 차량을 구매하고자 할 것이고 자신의 경제사정에 가장 근접한 차량을 신중하게 그리고 꽤 오랜 시간 검토한 후 결정할 것이다.

그래서 많은 사람들은 차량을 구매할 때 결정하기까지 많은 시간을 들이고자 한다. 그리고 결정에 이르기까지 많은 시간이 걸릴 것이라고 생각하기도 한다.

하지만 사실 그렇지도 않다. 인간은 매우 복잡하고 감정적이며 즉흥적인 사고로 이루어지는 결정을 따르곤 한다. 그러한 예로 구두나 힐을 고르는 시간보다 자동차를 구매하기까지의 결정을 오히려 빨리 내리는 경우도 있다. 이런 경우가 예시가 될 수 있다.

우비와 우산을 생각해 본다. 우산과 우비의 공통된 목적은 비를 막거나 피하기 위함이다.

나는 우비와 우산을 고르라 하면 산에선 우비를, 그리고 도심에선 우산을 고르겠다고 답할 것이다.

많이 사람들에게 우비와 우산을 고르라 물어보면 본인 자신들에게 가장 익숙하고 자신 있는 것으로 고를 것이다. 하지만 우산과 우비를 고르라는 질문에서 최선의 답변은 우산과 우비 중에서 하나를 선택하는 게 아니다. 단지 비와 바람을 피하게 해줄 뿐 더 이상 고민거리를 주지 않았으면 하는 마음이라는 것이다. 그저 날씨가 좋아서 무엇을 챙기고 다니지 않았으면 하는 것이 보통사람들의 최선의 바람인 것이다.

많은 전문가들이 자동차 구매 가능성이 있는 잠재고객을 파악하였을 때 우산을 고르게 할까, 아니면 우비를 고르게 할까 하는 전략을 세웠을 때, 이미 결론은 두 개 중 어떤 것을 선택하여도 자산 브랜드 제품이 그냥 좋은 제품이라는 이미지로 판결나게 만드는 방법을 사용한다고 생각하고 있다. 우리에게는 많은 선택권이 주어졌다고 말하지만 실제로 우리가 결정할 수 있는 결과, 또는 결론은 하나라는 것이 현재 자동차 구매 시장에서의 딜레마라고 생각한다.

많지 않은 국내자동차 브랜드에서 유독 현대기아의 강세와 삼성, 쌍용, 쉐보레와 그 외 수입 차 시장에서 서로들 취하는 방법은 다양한 선택과 자사브랜드의 강점을 치켜세워서 오직 "우리

제품이 최고다."라는 단순한 방법만으로도 시장에서는 통한다고 주창하는 것처럼, 자동차 시장은 시쳇말로 돗대기 시장이 따로 없다.

더불어 인터넷을 통한 타사차량에 대한 비난과 흠집 내기로 반사 이익을 누리기도 하고 진실과 반대되는 사실을 유포하여 타사를 어려움에 빠지게 하는 옹졸한 방법으로 이익을 취하기도 한다.

과연 언제까지 이런 발상이 이어질까?

차량을 판매하는 사람으로서 어떠한 과연 어떤 정보를 가지고 자동차 구매·판매 시장에 대응해야 할 것인가를 가지고 곰곰이 생각하였고 내가 내린 결정은 다른 이의 결정과 다를 수도 있지만 수많은 신차판매를 담당하는 분들과의 같은 결정이라고도 말 할 수 있을 것 같다.

결국 내가 내리는 결론은 무지에서 탈피하여 진실을 볼 수 있는 힘이 있어야만 현혹에서 벗어날 수 있다는 것이다. 그래야 어떠한 결정을 내리든 주변의 현혹에서 이겨낼 수 있다고 생각했다.

특정한 브랜드를 고집해야 하는 상황에서도 주어진 정보가 시장 전체의 의견이 아니며 올바른 정보가 아닐 수 있다는 의심을 가져야 한다. 한 브랜드에 몸을 담으면 주관과 객관성이 한쪽 방면으로 치우치기 마련이므로 언제나 나의 판단이 시장전체의 결론이 아님을 알아야 한다.

그래야 좀 더 진실에 가까운 투명한 나만의 결론을 이끌어 낼 수 있다.

그 결론은 내가 따라야 할 원칙이 되며, 그 원칙이 수많은 소문과 거짓으로부터 혼동하고 있는 많은 자동차 구매자 및 잠재 고객이 선택의 기로에서 바람같이 흔들릴 때 환한 등대가 될 수 있다고 믿고 있다.

좀 더 객관적이고 사실적이며 정확한 근거와 기반을 제공할 수 있는 논리와 정보를 바탕으로 나는 원칙이라는 기준을 가지는 설명관을 가져야 된다고 생각한다.

신차를 판매하는 사람은 차라는 것을 판매(seling)하지만 브랜드에 속박당해서는 안 된다는 것이 첫 번째 원칙이다. 그래야만 내가 속한 회사의 차량이 최고라고 생각하는 독선에서 벗어날 수 있다.

독선은 단절의 계기만을 가져오기 때문에 절대로 독선에 빠지지 말아야 하며 유연한 사고를 통하여 대화를 이어 나가야만 한다. 앞으로 그 누군가와의 미약한 신뢰관계에서도 유연한 사고를 통한 대화가 밑바탕이 된다면 서로 간의 단절은 생겨나지 않을 것이다.

절대로 이것만, 이것이 최고라는 생각은 벗어두고 시작해야 된다는 것이 신차판매사원의 첫 원칙일 것이다.

"내가 너를 인정하고 그런 나를 생각한다면, 상대방은 나에게 '넌 틀렸어.'라는 말을 하지 않을 것이다. 왜냐하면 나는 너를 인정하기에 내가 그 결론이 틀리지 않았음을 상대방이 스스로 부정하지 않기 때문이다."

그래서 신차판매사원은 상대방을 칭찬해야 한다.

디자인을 잘 뽑아내며 고객의 구매취향을 저격한 티볼리와 초반 연비경쟁에서 살아남기 위해 삼성의 신 모델 출시와 초반 인지도를 가져간 qm3가 칭찬할 일이며, 또한 신차 출시를 지속적으로 내놓는 현대기아야말로 인간의 욕망에 부응하는 최고의 영업방침과 전략을 구사하고 있다는 것이다. 칭찬할 일이다.

국내에서 가장 큰 자동차 회사인 현대기아 자동차라는 회사를 예시로 들어보자. 생산기반과 소비기반을 갖추고 이탈하려는 고객의 움직임을 막기 위해 독보적이며 공격적인 마케팅과 도전적인 상태를 유지하려는 움직임은 기업의 유지와 이익창출에 대한 관점에서 본다면 칭찬할 일이지만, 과거 국내소비자들의 소비자권익을 보호해 주지 못한 점을 본다면 비판 받을 만 했다. 결국 기업은 한 인간을 소비자로만 보고 있다는 매우 심각하고 구시대적인 기업정신이 유지되고 있음을 확연히 보여주고 있기 때문에 비판을 받을 수도 있다. 그 비판을 통하여 장기간 회복하지 못하는 이미지가 결국 한 회사의 미래에 악영향을 미칠수 있다는 것을 학습하고 개선의 노력을 보여주기 시작하는 것 같다.

국내생산차량뿐만 아니라 유명한 해외 브랜드 차량도 이제는 어떠한 경우라도 국내소비자를 우롱하면 어떠한 결과를 얻게 되는지 경험을 통하여 배우고 있는 것이다.

수많은 사건과 사고, 그리고 그것에 대응하는 방식에 따라서 자동차 회사의 이미지가 시장전체에 어떻게 반영되고 있는지 알 수 있으며, 실추된 이미지를 다시 끌어 올리려면 상당한 시간과 수많은 자금이 소요되기 때문이다.

본인이 속하지 않는 회사의 차량이라도 칭찬할 만한 기능이 있다면 칭찬을 해야 하며, 본인이 속한 회사의 차량에 문제가 있으면 숨기려 하지 말고 확실히 비판할 수 있는 능력이 있어야 한다. 그래야 듣는 사람으로 하여금 차량 설명에 대한 진정성을 느끼게 만들 수 있기 때문이다.

이 시대는 초고속 정보화 사회를 기반으로 움직이고 있고, 다변의 세상을 살아가는 우리들은 전세계 어디에서도 경험할 수 없는 극한경쟁의 구도에 놓여 있다고 말할 수 있다. 그렇기에 한국에서 신차판매사원들은 극심한 경쟁에서 살아남으려는 극한의 고통을 감수하고 결국 제살을 깎아내리는 영업방식으로 버텨내는 손실의 하루하루를 보내고 있는 것이다.

이상적인 사회가 존재할 수 없는 것과 마찬가지로 이상적으로 판매할 수 없는 것이 이 시장이기에, 첨단 자동차정보를 가지고 무장한 고객이라는 투사를 만나야 한다.

기업은 이익을 내기 위한 전략으로 자동차 구매고객들을 투사로 키워놨으며, 그 덕분에 우리는 감성으로 제품을 팔아야 하는 다소 아이러니한 상황에 빠지게 된 것이 바로 자동차 판매 시장이다.

서두에 이미 나는 강해져야 한다고 말한 적이 있으며, 브랜드라는 울타리에 갇히지 않고 동시에 독선에 빠지지 않기 위해선 내가 속한 기업의 제품도 객관적으로 바라봐야 한다는 점을 강조하였다.

그래야 살아남을 수 있다. 칭찬해야 할 점은 칭찬하지만, 객관적으로 비판해야 할 부분이 그 칭찬 속에 감춰서는 안 된다는 것이며, 많은 기업들의 전략과 영업전술에 객관성을 잃어버린 이들을 위한 등대가 되기 위해서 내가 속한 장소와 차량에 대한 장점과 단점을 잘 알아야 한다는 게 이 서두에 밝히는 요점이라 할 수 있을 것이다.

"지금 타는 배에 물이 차오른다면 선장은 배를 고치거나 바꾸기 위한 선택을 해야 하겠지.

가까운 등대를 찾아보니 여러 등대가 주변에 보이더군.

무선으로 주변 배들에게 물어보니 한결같은 대답이고 내가 직접 입항하지 않은 이상 알 수 없는 노릇이군. 반듯하고 올바른 등대가 있는 곳이야말로 내가 입항하고 배를 고칠지 바꿀지 결정해야 할 곳인 것 같군."

서두에서는 차량의 다름이 무엇인가에서 시작한 고찰을 다뤘다. 결국 내가 내린 결론은 차량의 다름을 알고, 고객에게 설명하기 전에 언제, 어디선가 발생했을지 모르는 상황을 미리 생각해보고 그 입장도 생각해 봐야 한다는 것이다.

고장 난 배를 고칠지 바꿀지 고민하는 선장을 상상해 보라. 그 선장이 생각하고 있는 기준과 스스로 자신만의 결정이 옳음을 증명해 낼만 한 무엇인가를 생각하고 있을 때, 눈앞에 밝은 등대가 보인다면, 그리고 등대를 믿고 나간다면 무엇인가 이뤄낼 수 있다는 기대감을 만들어 줄 수 있다면 좀 더 잘 되어 간다는 뜻이다.

2. 편안함
(편안함 상태에서 주관적인 선택을 함으로써 좀 더 차량계약에 다가설 수 있다는 것)

자동차매장 방문이라는 관문을 거치는 자동차 구매고객들은 모두 가슴속 두근거림이 있다. 나도 신차를 구매했을 때의 그 두근거림을 알고 있으며 지금도 기억하고 있다. 신차를 구매할 때 느끼는 그 두근거림은 사람마다 다르다. 내 경우에는 차종이 문제가 아니었고, 과연 구매가 가능할 것인가라는 의문을 가진 채 방문하였기에 새로운 차에 대한 기대보다는 마음속으로 속 시원히 '구매가 가능하다', '구매가 불가능하다'라는 결론을 듣고 싶었다. 내 두근거림은 혹시 구매가 불가능하면 얼마나 무안할까라는 불안한 두근거림이었던 것이다. 그리고 그러한 불안한 심리가 행동으로 나타나지 않나 생각해 본다.

수많은 자동차 매장방문 손님들은 각양각색 다양한 마음을 품고 문을 열고 들어오기 마련이다. 불안한 심리가 행동으로 나타나기 때문에 고객의 불안한 마음을 다스려주는 것이 먼저다.

차를 구매하는 모든 사람들은 나이가 많고 적음, 성별을 떠나서 불안해한다. 좀 더 적극적인 면인 있는 사람은 혼자 오겠지만 적극적이지 못한 분들 또는 여성분들은 친구, 또는 지인과 같이

오는 현상이 있다. 이것이 불안감이라는 인간적인 감정에서 시작됨을 인지하고 고객을 안정시켜주는 것이 시작점인 것이다. 때문에 자동차 매장에서 하고 싶은 게 무엇이며, 무얼 보고 싶고, 어떤 것을 물어 보고 싶은지, 나는 묻지 않기로 했다.

단 1분이라도 스스로 찾아온 손님이 자신의 궁금한 점에 대해 주변의 의견 없이 주관적으로 판단하고, 궁금증이 일어나면 스스로 물어볼 수 있는 기회를 주며 불안한 심리를 편안하게 바꿔주는 것이 중요하다.

방문한 고객 스스로가 차량구매라는 이 중차대한 문제를 해결하고 있음을 느끼게 해주고 싶었다. 그리고 질문에는 객관적, 주관적, 상대적 입장에서 벗어나지 않는 유연한 설명으로 답하고, 매장은 비교하기 위한 장소가 아니며 최종 결정하는 장소임을 암묵적으로 인지하게 하면 되는 것이다.

많은 고객님들은 차량을 사기 전에 인터넷으로 최소 1달 내지 많게는 3달 정도의 조사와 비교를 마치고 최종 실루엣을 확인하러 오시는 경우가 많다. 따라서 실루엣과 어긋나지 않으면 다른 차종의 실루엣은 머릿속에서 잊어도 된다는 합당한 자기합리화가 형성된다. 그리고 실루엣에 만족하면 내가 경제적인 문제를 해결해 나갈 수 있을까라는 의문이 견적서라는 요구로 나타나기도 한다. 실루엣이 나름 괜찮다고 판단될 경우 가격과 나의 지불능력이 충분하다고 여겨지면 '저차는 내 거야.'라는 심리가 발생하며, 눈앞에 보이는 신차 판매사원은 그 존재감과 위상이 많이 낮아진다. 이미 자신이 정보의 우위에 서 있다고 생각하기 때문이다. 이것이 내가 짧은 경력에도 불구하고 수많은 사람들에게서 느꼈던 공통된 부분이다.

차를 판매하면서 상하관계가 형성되는 상황이 왜 생기는지를 잘 파악할 필요가 있다. 그래야 평등한 협의와 합의가 이뤄질 수 있고 분쟁의 소지가 줄어들기 때문이다. 즉 자동차 구매 잠재고객이 높은 위치에 있다고 스스로가 인지하게 되면, 무리한 서비스 요구 및 문제 발생 시 책임을 전가하는 경우가 발생하기 때문에 항상 평등한 위치에서 상담이 이루어져야 한다.

불안한 심리가 편안함으로 바뀐 후, 최종 구매확인과 구매확정이 다가오면 구매 잠재고객들은 자신감이 생기게 되고 그들의 표정과 말투에서는 많은 변화가 일어난다. 그리고 신차판매원과 상하관계를 형성하고자 하는 무의식이 발현된다. 마치 "나는 준비가 다 된 사람이니깐 이제 이것은 내 것이다. 하지만 여기 말고도 살 곳은 어디든 있겠지.", "그래서 너는 무얼 더 줄 수 있는데?"라는 본심을 읽게 될 수 있는 것이다.

사람은 착하다고 본다. 하지만 판매와 구매 시 발생하는 이익 협상에서는 간사해진다고 표현하는 것이 맞을 것이다. 이럴 때에는 말을 줄이고, 구매 잠재고객의 의도를 따라가며 막히는 구간만 뚫어주면 되는 것이다. 애써 밀고 나가려는 상담을 자제해야 할 때도 있는 것이다.

불안한 심리와 편안한 심리, 그리고 오만함이 반복되는 이 자동차 구매시장을 곰곰이 생각하면서 자신의 상담스킬의 깊이를 들여다 볼 수 있는 실력을 쌓는 것도 중요하다.

차량을 판매하기에 앞서 하드웨어적인 요소와 소프트웨어적인 요소가 무엇인지를 생각보자.

자동차가 하드웨어에 속한다면 신차 판매사원은 소프트웨어에 속한다. IT산업과 인공지능이 4차 산업의 선두주자가 될 것이라 예상하듯이 자동차 판매시장 역시 제조 하드웨어보다는 소프트웨어의 확장성, 즉 사람이 우선되는 가치관이 시장의 흐름을 좌우할 것이라고 예상해 본다.

나는 그렇게 믿고 있다. 단순한 차량의 장·단점에 대한 설명과 타사 브랜드와의 비교 설명이 결국 과도한 서비스를 요구하는 부작용을 가져왔다고 생각하며, 앞으로는 매장에 고객이 방문했을 때 하드웨어적인 설명보다는 신차 판매사원의 소프트웨어적인 설명이 중요하다는 것을 말하고 싶다. 그 소프트웨어는 본인들만의 지식과 경험이고, 이것을 통해 잠재적 구매고객을 상대하여야 한다.

자동차는 공장에서 찍어내는 동일한 제품이다. 그래서 개성이 없다고 생각할 수 있다. 하지만 사람들은 자신의 물건에 생명과 의미를 부여하고 싶어 하는, 즉 자신만의 아이덴티티를 추구하려 하며 개성을 추구한다. 때문에 신차 판매사원들은 오직 실용성과 기계적인 측면만 가진 자동차에 생명을 불어넣어줘야 하며,

잠재적 구매고객으로 하여금 '여기에 있는 이 차량을 사면 나의 아이덴티티를 추구할 수 있겠구나!'라는 생각을 가질 수 있게끔 즐겁게 설명해줘야 한다.

고가의 비행기와 전투기를 다루는 조종사도 혼자서는 이·착륙을 할 수 없음을 누구나 알고 있다. 기상과 활주로 상태, 그 밖의 모든 제반사항을 관제탑이라는 소프트웨어와 교신함으로써 안전하게 이·착륙을 이행할 수 있다. 마찬가지로 신차판매사원은 고객이 차량을 구매하고 이용하는 동안 고객의 관제탑이 되어야 함을 잊지 말아야 한다. 또한 구매와 구매 후 이루어지는 모든 제반사항에 대해 고객과 언제든 교신할 수 있는 관제탑임을 알려줘야 한다. 나는 이것이 신차 판매사원에게 추가된 소프트웨어적인 요소라고 생각한다. 그래야 고객의 오만함과 혼자서 다 이뤄낼 수 있다는 잘못된 생각을 고쳐줄 수 있고, 신차구매와 앞으로 닥칠 수 있는 문제해결의 어드바이저로서 신차판매사원의 중요함을 인식시키는 것이 중요하다고 생각하기 때문이다.

결국 두 번째 이야기인 편안함에서의 결론은 다음과 같다. '같은 제품이라면 어느 누구를 통해서 구매해도 상관없다.'는 정의를 '지금, 여기서, 이 사람에게 사야만 한다. 그래야 내게 파란 창공을 안전하고 편안하게 날 수 있도록 도와주는 관제탑이 생기는 것이다.'라고 생각하게 만들어야 한다는 것이다.

3. 자동차를 사랑하라

자동차를 사랑하라. 하지만 사람도 동물도 아닌 자동차를 사랑할 수 있을까? 자동차 차체, 엔진 및 오일류, 각종 플라스틱을 각각 분리해서 본다면 '난 저 차를 사랑할 수 있어.'라고 말하기엔 어려움이 느껴진다. 하지만 아버지가 젊은 시절 몰았던 차량에 대한 포근한 향수와 그 시절 가족의 여유로움, 어린 시절 즐거웠던 기억을 지나가는 오래된 차량을 보며 떠올릴 수 있다면 "저 차는 오래된 폐차감이야.", "똥차야."라는 말을 선뜻 할 수가 없다. 그 차에는 추억 속 젊은 시절의 아버지와 내가 타고 있기 때문이다. 차를 사랑한다는 말은, 차에 간직된 즐거운 기억들과 추억이 남아있기에 할 수 있는 말이라고 생각한다.

지금 눈앞에 있는 이름 모를 구매 잠재고객이 현재 소유한 차량이 무엇인지 모르며, 앞으로 어떤 회사의 차량을 탈 지 모르기에 함부로 좋다 나쁘다 말할 필요는 없다. 고객이 지금껏 즐거워했던 추억과 기억을 부정하지는 말아야 한다.

구매 잠재고객에게는 차를 교환한다는 직설적인 표현보다는 '새로운 즐거움 속에 추억을 옮겨 더욱 행복하고 안전하며 여유로움을 느낄 수 있습니다.'라고 부드러운 표현으로 이끌어 낼 수 있어야 한다.

많은 차량의 장점과 아쉬운 점을 알아야 공감을 이끌어 낼 수 있고, 아쉬운 점을 보완했으면 하는 바람을 강조하면 자연스레 신뢰가 쌓일 것이다. 고객이 "아, 이 사람이 나와 비슷한 생각을 했구나! 그리고 이 사람이 설명해주는 이 차야말로 내가 찾는 제품이겠구나."라는 생각을 했다면, 그 다음은 반드시 어떠한 형태로든 추가적인 신뢰를 확인 받고 싶어할 것이다.

젊은 연인의 대화를 떠올려 보자. "오빠 나 사랑해?", "그래. 사랑해", "그럼 증명해봐.", "뭐 ?" 이처럼 사랑도 증명해야 인정받는 사회이다. 고액의 자동차를 구매할 때도 신뢰가 쌓이는 것만으로는 차량을 판매하기 힘든 세상인 것이다. 때문에 증명해야 한다. 철저한 논리와 근거를 가지고 듣기 싫어하지 않을 만큼 임팩트 있게, 간결하게, 그리고 임프레션 하게 해야 한다. 신차판매원은 언어의 마술사가 되어야 하며, 그를 통해서 고객의 미약하게 흔들리는 마음을 잡아서 결국 계약으로 이끌어 내야 한다.

그만큼 고가의 차량을 판다는 것은 쉽지 않은 일이다. 내가 배워 왔던 것은 신차판매의 전체적인 흐름과 초빙 강사의 이론 등 공감하는 부분은 많지만 실제 현장에서 사용하긴 어려운 것들이었다. 현장에서의 다변성과 다양성, 특히 고객의 감정기복을 다룰 수 있는 내공에 대한 교육은 받은 적이 없다. 그래서 이론과 실제 현장 사이에 매우 많이 차이가 있다는 것을 많은 신차 판매사원들이 깨닫고 좌절하는 것이다.

무협소설을 보면 고수가 있기 마련인데, 그 중에는 자신이 최고라고 생각하는 순간 무너지는 이들이 많다. 반면 항상 배우려는 자세를 취하고 자신의 내공을 은밀하게 내보이며 어려운 상대를 만났을 때 고전하지 않고 제압하면서도 자신을 낮추는 고수도 있기 마련이다. 나는 되도록이면 신차판매사원들이 후자에 속하기를 기원한다.

"자동차를 사랑하라"라는 주제의 시작은 누군가와 대면할 때 사람과 사람으로서 제일 먼저 확인하는 것이 인성의 됨됨이라는 사실이다. 고객의 입장이든 판매하는 사람의 입장이든, 결국 서로의 인성을 암암리에 확인하고 있기 때문이다. 그래서 나는 자동차를 사랑해야만 차량을 구매하는 사람도 반갑게 대할 수 있다고 생각하며, 머리로 판단하는 친절이 아닌 몸에서 베어나오는 친절을 표현할 수 있다고 말하고 싶다.

나를 낮추되 강한 내공은 지니고 있어야 하며, 그 내공과 올바른 인성을 품은 설명으로 타사를 비방하지 않고 고객의 아이덴티티를 이끌어내고 제품의 장점과 아쉬운점을 잘 설명해야 한다. 그를 통해 고객이 방문했을 때 구매와 만족을 동시에 이끌어 내어 계약을 성사시켜야 한다. 고객이 스스로 판단하여 계약을 성사시키도록 하는 일이 보통 일이 아니라는 것을 잘 알고 있기에 신차판매사원들은 매우 어렵고 힘든 과정을 거쳐야 하는 것이다.

서로 맞물려 움직이는 기어처럼 불필요한 대화나 논쟁이 될 만한 주제는 피하는 것이 좋으며 신뢰를 바탕으로 공통된 주제로 대화를 이끌어 나가는 것이 중요하다.

실제 차량구매 현장에서는 첫인상이라는 비논리적인 판단이 구매로 이어지기도 하므로, 좋은 이미지와 좋은 인성을 바탕으로 모든 손님들에게 친절하게 대하여 한다. 그래야 선택을 받을 수 있기 때문이다.

4. 2장 서두

자동차의 다름, 편안함, 사랑이라는 세 가지 단어를 정리하며 1장을 마친다.

차의 다름에서는 이전 상황을 잘 파악하고 나의 능력이 외부에 비추어졌을 때 전문가다운 모습이 준비되어야 한다는 것을 말했다. 두 번째 이야기인 편안함에서는 하드웨어적인 판매방식이 아니라 사람에 대한 신뢰를 통해 제품을 사게 만드는, 소프웨어적인 요소가 강한 신차판매사원이 되어야함을 언급했다. 마지막으로 차량을 아끼고 사랑하는 마음을 바탕으로 차량을 구매하는 모든 사람을 편견 없이 친절하게 대하면 신뢰를 쌓을 수 있으며, 협의가 가능할 수 있는 대화를 이끌어 낼 수 있는 좋은 계약을 진행할 수 있을 것이라고 했다.

생각은 무수히 떠오르는 구름 속 형상과 같다고 느껴왔다. 그런 정리되지 않은 모든 법칙을 최대한 정리하고 원칙을 세워나가는 것이 실수를 줄이는 방법이라 생각한다.

2장에서는 내면의 이야기를 들려주려고 한다. 내면의 이야기가 결국 신차판매와 어떤 관계가 있는지 알아보는 계기가 될 수 있기에, 저자의 개인적인 내면의 이야기를 펼쳐나가기로 한다.

2017/6/20

1. 공간

    공간이란 주제를 심도 있게 상상한 것은 20년 전으로 거슬러 올라간다. 그때는 인터넷과 정보통신이 자유롭지 않던 시절이었지만, 고등학교 시절 하라는 공부는 하지 않고 어느 날 갑자기 닥쳐온 공간에 대한 의문이 나를 휘어잡던 시절이었다.

    내 앞에 놓인 사각형의 무형의 공간은 어떤 힘을 가지고 있을까? 보이지는 않지만 무수한 많은 통신이 이루어지는 공간이며 라디오가 흘러나오는 공간. 보이지 않지만 분명히 무엇인가가, 정보가 있는 공간. 나는 그것에 순수한 호기심을 느꼈다.

그런 호기심 때문에 다각형의 입체를 자주 그리게 되었으며 평면의 공간에서 입체를 볼 수 있다는 순수한 즐거움으로 수업시간을 버텨내곤 했다. 그러다가 지금 내가 서 있고 앉아 있는 이 공간도 결코 같지 않으며, 끊임없이 변화하는 시간 속에 살고 있음을 깨닫게 되었다. 어제와 오늘의 시간이 다르고, 지구의 자전과 공전에 의해 우주 속의 공간을 끊임없이 이동하며 살고 있는 나는 분명 어제와 다른 공간에 있음을 알게 되었다.

어린 시절 단순한 호기심을 통해 마치 큰 깨달음을 얻은 것마냥 아무도 생각하지 않았던, 보지 않았던 공간에 대한 상상을 계속했다. 그리고 이 상상은 우주를 넘어 끊임없이 이어졌고, 결국 끊임없이 생각하는 노력이 상상력을 키우는 계기가 되지 않았나 자문해 본다.

이번에는 공간이라는 전혀 새로운 주제를 풀어보고자 한다. 젊은 시절 매력을 느낀 공간에 대한 생각이 앞으로 2장의 주제를 어떻게 이끌어 나갈 지는 나도 지금 예상할 수 없으나, 분명 나의 내면에서 나를 이끌어준 요소였기에 현재의 나를 만들어준 재료라는 믿음으로 공간이라는 주제를 택해 본다.

자동차에서 공간이 주는 의미는 무엇이며 그 공간이 우리와 밀접한 매력을 지닌 존재인가?

그렇다. 사람들은 차량의 외형이 크면 공간이 크다는 것을 본능적으로 알아차린다. 그래서 큰 차량을 선호한다. 큰 차량이 주는, 보이지 않는 크기에 대한 자부심을 느낄 수 있다. 작은 집에 살더라도 큰 차를 선호하는 것을 보면 우리 민족의 큰 공간에 대한 애착은 강하다 못해 심할 정도라 말할 수 있다.

하지만 이런 성향이 경차에 대한 선입견 및 불신을 야기하는 것은 아닌지 생각해 본다.

경차의 내부 공간을 기존보다 크게 디자인 하였다는 말은 거짓이다. 현혹이다. 경차의 공간은 좁다. 작고 키우기가 힘들다. 어느 회사의 경차이든 같은 규제 속에서 만들었기 때문에 경차를 다른 차량과 비교할 때 어느 차량이 더 넓고 더 안전하다고 말할 수는 없다. 그저 경차와 경차를 비교하였을 때만 가능한 것이다.

현실을 직시하고, 이런 사실적인 면을 잘 파악하고, 고객들에게는 직설적으로 설명을 해주는 것이 서로 간의 신뢰를 쌓아가는 방법이 될 수도 있다.

경차는 싸고, 유지비가 적게 들기에 현재는 불편할지 모르지만 본격적으로 차량운전을 운전하려는 사람이라면 쉽게 다룰 수 있고 경제적인 면에서 뛰어난 차임을 사실에 근거하여 설명해야 한다.

경차는 규제된 규격 내에서 공간 및 외형을 키웠을 시 그 안전성은 떨어질 수밖에 없다고 생각이 될 수 있다. 기술의 발전이나 금속의 강성으로 안전성을 높일 수 있다고 주장하지만, 현재 제조사들의 기술력이 평준화된 점을 본다면 경차의 내부 공간과 외형이 커지는 것은 그리 반가운 경우가 아닌 것 같다.

제2장의 첫 주제는 공간이었다. 내가 상상한 무한한 가능성의 공간을 가지고 실제로 자동차에서 공간이 주는 의미는 어떻게 다가오는지 궁금하였다. 그리고 경차에서 공간이 주는 의미와 주의할 점은 어떤 것이 있으며 실제로 차량설명과 공간이 주는 의미를 생각해 보았다. 그에 대한 결론은 경차임에도 외형과 공간을 확보하려는 구매자의 요구에 발맞추어 무리하게 내부를 변형한다면 사고가 났을 시 심각한 인명손실의 위험이 발생할 수 있다는 것이었다.

인명손실의 위험성을 간과하는 제조방식과 판매방식은 개선되어야 할 것이다. 국내외 자동차 제조사들이 판매에만 주력하지 말고 작은 차일수록 더욱 강화된 안전성을 확보할 수 있도록 제도적인 측면과 고객안전에 대한 책임의식이 반영되어야 한다는 것이다.

그것이 공간에 대한 나의 생각이다. 차량을 판매할 때에도 차량 판매에만 포인트를 두지 말고 고객의 안전을 생각하며, 나와 내 가족이 탔을 때처럼 진솔한 설명이 필요하다. 판매자로서의 사회적 책임을 간과하면 안 된다는 것도 잊지 말아야 한다.

2. 실내와 공간을 따로 생각해보기

　다양한 사람들이 차에 타 보았을 때를 가정했을 때 실내와 공간을 구분할 수 있는지 궁금하였다. 그래서 내가 생각하는 실내와 공간을 먼저 정의해 보고, 고객에게 차량을 설명할 때 자신의 주관에 따라 이야기해야 독창적이고 재미있는 자동차 설명이 될 것이라 생각했다.

　실내는 오직 드라이버를 위한 공간이라고 생각한다. 그리고 공간은 뒷자리 승객과 트렁크까지 모든 물리적 체적을 나타내는 물리적인 개념으로 따져 보아야 한다.

　다양한 자동차 회사들이 추구하는 공간은 무엇인가? 이때 우리가 알고 있는 실내와 공간에 대한 개념이 자동차 회사들이 추구하는 개념과는 공통되지 않는 경우도 있다는 것을 염두에 두어야 한다.

　자동차는 그 목적과 및 특성에 따라서 공간에 대한 의미를 확대하거나 축소하여 차량을 만든다. 예를 들어 스포츠카의 경우 뒷자리 공간의 배려는 생각하지 않거나 아예 없는 경우도 종종 있다. 오직 달리기 위한, 순수하게 스피드를 추구하는 자동차이기 때문에 뒷자리를 늘려 공기저항을 늘리기보다는 엔진을 후륜으로 옮기고 공기저항을 줄이기 위해 에어로다이나믹 디자인을 채택하기도 한다.

때문에 경차의 공간이 작고 좁아서 차량 구매에 대한 확신이 없다고 말하는 것은 경차의 의미를 모르고 있다는 말이 된다. 경차는 첫 번째 차량 유지관리의 경제성이 우선시 되며, 두 번째로 차량 운전에 대한 부담이 적기에 초보 및 장기간 운전을 하지 않은 분들이 선호하게 되는 차량이기 때문이다. 그 외에 좁은 도로를 주행해야 하거나 주차장 등이 협소한 곳을 자주 찾는 분들이 목적에 맞게 사용할 수 있는 효율적인 차량이기 때문에, 강조해야 할 부분은 차체 및 기본 물리적인 강성과 충격에 대비할 수 있는 효과적이고 구조적인 안전체계가 반드시 뒤따른다는 것이다.

차량을 소개하는 것도 중요하지만, 구매하는 고객이 안전하게 탈 수 있도록 안전성에 대한 설명을 게을리 해서는 안 된다. 이런 설명을 게을리 하면 경상이 중상이 될 수도 있다. 교통사고로 큰 부상을 입으면 한 가정이 파멸할 수도 있기 때문에 차량을 판매하는 자는 사회적 사명감을 가져야 할 것이다. 또한 고객의 위험한 선택은 결국 사고의 위험을 불러올 수 있기에, 자동차 판매 설명에 있어서 안전성에 대한 설명을 충실히 해야 하고 목적에 맞는 차량을 선택할 수 있도록 사회적 사명감을 가져야 할 것이다.

경차를 이해함에 있어 가장 상관관계가 높은 것은 경차와 안전성, 그리고 경차의 공간에 대한 차량 구매자의 이중적인 잣대이다. 경제적인 면과 큰 차량에 대한 선망이 곧 실내 공간이 넓은 경차, 안전하고 튼튼한 경차, 거기에 경제적이기도 하니 너무 좋다는 광고가 넘쳐 흘러난다. 그래서 사람들은 안심하고 타고 있지만, 그 결과 사고가 났을 때 운전자의 경중여부가 심각하게 달라진다. 이 때문에 신차판매원은 객관성을 잃지 말아야 한다.

두 번째 장의 첫 주제로 공간이라는 단어를 선택하였지만 실제로 하고 싶은 말은 사람이 사람의 귀한 생명을 보호해야 할 의무가 있고, 인류애를 바탕으로 사고하는 것이 신차판매사원들이 지녀야 할 기본적인 자질이라는 것이다.

많이 팔고 적게 팔고를 중요하게 여기는 것은 자동차 회사의 이익을 반영하기 때문이다. 하지만 사람이 사람을 믿고 차량을 구매하는, 이 다양한 판매 상황에서는 그래도 드라이버의 안전을 최우선으로 여길 수 있는 가슴 따뜻한 사람이 되어야 한다는 것이 2장에서 말하고 싶은 것이다.

유리컵을 포장하여 박스에 담는다면, 가장 안전하게 포장하는 방법은 무엇일까? 각각의 유리컵을 에어 캡으로 포장한 후, 다시 흔들리지 않게 전체를 에어 캡으로 포장하고 박스에 넣는 것이 일반적이지 않을까? 비싸다고 여기는 한 개만 중점적으로 포장하는 것이 아니라, 모든 것이 깨지지 말아야 하며 손상되지 말아야 한다는 판매자의 굳은 의지가 있어야 한다.

3. 기본 에어백의 중요성과 의미

에어백을 만들고 개발한 사람들의 노고에 우리는 충분히 고마워하고 있느냐를 나는 묻고 싶다. 자동차회사들은 각 나라별의 규제에 맞는 에어백을 구성함으로써 그 제조단가를 맞추고 이익을 추구한다. 그것이 팩트라 생각한다. 에어백이 작동함으로써 피해를 줄여 준다는 것이지 사망사고를 내지 않게 하는 만능의 안전장치는 아님을 전제로 생각해야 한다.

결국 에어백 관련으로 차량을 평가하는 것은 옳지 못하다고 생각한다. 좋은 에어백이 있을 수는 있지만, 에어백 때문에 결론적으로 나쁘게 평가 받는 차량이 있다면 다시 한 번 본질적으로 되짚어 봐야하지 않을까?

에어백을 개발하고 연구하는 기업과 단체, 그리고 적용하는 회사는 이미 일반적인 자료(data)를 기반으로 지속적으로 개발해 나가고 있다. 그렇기에 단순히 에어백 성능만으로 자동차의 안전을 평가하는 것은 그릇된 생각이 아닐 수 없다.

에어백과 자동차 안전이라는 상관관계는 다각도로 봐야 한다는 것이 나의 의견이다. 좋은 에어백이 절대적 안전을 보장해 주지는 않는다. 에어백의 개수와 위치에 따른 신뢰 역시 도움은 될지언정 절대적 안전을 보장하지 않는다는 것이다.

하지만 작동해야 하는 상황에서는 제대로 작동하여 승객을 보호해 주어야 하는 점은 기본적으로 갖추어야 할 성능 중 하나라고 본다. 그렇기에 종합적으로 에어백 성능에 대한 나의 고찰은 비싸고 안 터질 바에야 싼 제품이라고 해도 충격에 대해 반응이 좋은 에어백, 즉 잘 터지고 신뢰성 있는 제품이 좋지 않을까라는 것이다.

에어백 및 자동차의 구성부품 및 성능 등 전문적인 지식은 제조사나 판매사를 따라갈 수 없는, 일반인이 접근하기에는 제한이 있는 전문분야임은 확실하다. 나는 에어백이 차량을 구매하는데 있어서 참고는 될지언정 그것을 만능으로 여기지 않고, 개수나 부착위치를 중요하다고 생각하지 않는다. 때문에 자사의 제품에 에어백 개수가 많고 적음을, 타사의 제품에 에어백 개수가 많고 적음을 비교하지 않았으면 한다. 에어백의 개수나 위치가 자동차 사고 시 위험으로부터 승객을 완전히 보호해줄 수 있다는 믿음을 줄 수 있기 때문이다. 불안한 심리를 이용하여 전략적으로 타사를 비방하고 자사 제품의 위상을 올려주는 이 불완전한 마케팅에 현혹되지 말아야 한다.

교통사고의 다양성을 단순화하여 에어백 수량과 부착 위치로 보완하려 하는 전략은, 결국 큰 사고 시 올바른 판단을 하지 못한 고객의 크나큰 부상으로 다가오는 것이다.

자동차에서의 안전은 결국 승객의 생존공간을 넓히고 부상을 줄여 되도록 빨리 탈출할 수 있는 가능성을 열어주는 것이라 믿는다. 어느 한 가지라도 부족하면 심한 중상을 입거나 사망에 이를 수 있다. 견고하지 않은 차체에 고성능 에어백이 무슨 소용이며, 견고한 차체로 인해 승객의 부상이 더욱 심해진다면 견고한 차체가 무슨 의미가 있는가. 또한 차량이 뒤집히거나 외부의 충격을 받았을 때 문이 열리지 않는 구조는 탈출을 어렵게 하고 외부의 도움을 받기도 힘들어진다. 이럴 경우 화재로 인한 위험성도 높아질 수밖에 없지 않겠는가?

기본적으로 에어백의 의미는 사고 발생 시 반드시 작동하여 승객을 보호해 줄 수 있어야 한다는 것이다. 조건에 의해 터지는 에어백이 아닌, 다양한 사고 유형에 맞게 승객을 보호하기 위한 용도로 존재해야 한다.

즉 에어백의 개수와 설치 위치를 따질 것이 아니라, 어느 회사의 제품이든 균일한 성능을 유지하는 안전장치로 인식해야 한다. 자동차 회사 간의 비난과 조롱의 대상으로 전락하는 에어백이 아니기를 바란다. 어떻게 하든 상대방 회사의 약점을 파고들고 고객들에게 거짓정보를 유포하며 타사를 비방하는 자는 진정으로 자동차를 사랑하는 사람이 아닌 것이다. 그들은 자신의 출세와 돈에 눈이 멀은 작자들이다. 그리고 인터넷을 통한 악성댓글로 특정 자동차의 특정 부분을 가지고 좋고 나쁨을 평가하는 자 또한 자동차를 논할 자격이 되지 않는다.

세 번째 이야기에서 에어백을 선정한 이유는 보이지 않는 수많은 마케팅 전략가와 자사, 자차우월주위에 빠진 키보드 워리어에 대한 엄중한 경고이자 자동차를 사랑하는 한 사람으로서 고찰을 통해 진정한 전진을 보고자 함이지, 나쁜 회사, 좋은 회사를 구별 짓자는 것은 아니다.

자동차 제작사들이 기본 에어백 구성을 어떻게 하는지만 보아도 그 제조사가 지닌 안전에 대한 신념과 의지를 엿볼 수 있어야 한다는 것으로 이번 글을 마무리 짓고 싶다.

4. 3장 서두

2장에서는 공간과 실내 공간, 그리고 에어백에 대한 나의 생각을 다루어 봤다.

각 내용에 있어 나 자신만의 결론을 도출하였고, 앞으로 나의 경험과 지식으로 인해 변경되거나 수정되지 않는다면 하나의 원칙이 되어 나를 이끌어 나갈 것이라고 생각한다.

사상과 생각은 사람마다 다르다는 것을 인정한다. 내가 생각하는 것과 다른 것을 찾아내 자신에게 맞는 원칙을 만들어 가고, 그 원칙으로 실질적인 결과를 만들어 신차판매에 도움이 된다면 나는 매우 만족하며 기뻐할 것이다. 그것이 어쩌면 내가 신차판매를 해야 하는 신입사원들에게 바라는 점이다.

인간은 새로움에 목말라 있다. 새로운 세계, 새로운 기술, 새로운 정보. 그 모든 것은 우리 눈앞에 놓인 자동차에 집약되어 있다. 먼 미래의 일처럼 보였던 자율주행과 전기차를 우리는 이제 아무런 흥분도 없이 받아들이고 있다.

3장에서는 자동차가 아닌 다른 이야기가 하고 싶어졌다. 왜 우리는 왜 자동차에 길들여졌는지, 신차와 중고차, 그리고 폐차와 같은 돌고 도는 구매 제도와 차량 관련 생애주기 같은 것에 대해 생각해 보고 싶다. 자료(data)를 통해 누군가를 이해시키는 작문이 아닌 오직, 나의 경험과 생각으로 글을 써보고 싶기 때문에 '앞으로 자동차 시장이 어떻게 변할까?'에 대해 상상해 보고자 한다.

미래사회의 단상은 공통된 모습을 보여 준다. SF영화의 일부 모습이나 최첨단 자동차 회사들이 보여 주는 광고의 영상을 보면 그것을 느낄 수 있다. 그 안의 메시지는, 사람은 기술을 따라갈 수 없다는 것이다. 인간이 첨단장치에 몸을 맡길 수밖에 없는 존재로 보여지는 것이 단순한 영화적 상상력은 아닐 것이다.

모든 미래학자와 더불어 미래 자동차를 설계하고 개발하는 사람들이 예견하는 것은, 기술력과 정보력이 발전하고 하이테크로 진입한 시대에서는 사람이 자동차를 움직여 이동하는 것보다 이동수단을 이용하여 목적지에 도달하는 탈자동차 문화가 발생할 것이라 예상하고 있다.

미래에는 이동수단이라는 명칭으로 단순화되고 체계화되어, 현재의 개성 가득한 차량문화보다는 단순하면서 체계적이고 명료한 이동수단으로 많은 사람들이 이동할 것이라 조심스레 예상해본다.

두 탈 것에 대한 문화가 공존하다가 어느 순간 하나의 최종 이동수단으로 단일화 되어간다는 것이 나의 생각이다. 현재 모든 자동차 회사의 최고 CEO가 향후 10년, 20년 뒤의 시장에 대하여 곰곰이 고민하는 문제를 나는 그들의 고뇌를 잠시 훔쳐 생각해 보고자 한다.

수많은 근거를 가지고 미래를 예측하고 있는 자동차 회사의 오너들은 우리가 어디까지 알고 있어야 앞으로 다가올 변화의 시대에 충실한 밑거름이 되어줄 수 있을 지를 구상하고 있지 않을까?

3장에서는 자유로운 상상력을 바탕으로 더욱더 자유롭게 상상하고 싶다. 흥분되기도 하고 걱정되기도 하지만, 작문을 하는 자로서 생각의 단서를 이끌다 보면 나도 모르게 내가 적어나가는 글이 밑거름이 되고 다시 근거가 되어 새로운 상상을 이끌어주는 날개가 될 때가 있다. 이럴 때 나는 즐거워진다.

이미 나는 이 글을 적는 이유를 밝힌 적 있다. 나에게 도움을 얻고자 하는 목적으로 본문을 읽지 말고 스스로 생각해야 한다. 자신만의 결론을 내리고, 그것이 어떤 방향이든 자신의 머릿속에 있는 수많은 이미지와 경험과 듣고 본 지식을 자신만의 색깔로 만들고 자신만의 도화지에 그려나가야 한다.

나 또한 나의 도화지에 다음 주제를 아무런 속박 없이 '날개'로 정하고 싶다. 앞으로 자동차는 변화할 것이고, 자동차에 날개가 달리는 날이 올 것 같기 때문이다.

2017.6.28

1. 날개

날개는 무엇을 하늘에 띄우기 위한 도구이다. 나는 이 글을 읽은 이들이 본질을 놓치지 않게 날개라는 주제로 자동차를 판매하는 사람들에게 어떤 도움이 되는 생각을 적어나갈지 고민해 보고 있다.

나의 생각은 '반드시 자동차는 변화한다.'라는 것으로, 그 변화의 폭과 넓이가 미미하지 않고 혁신적이라는 생각 때문에 날개를 떠올렸다.

혁신적으로 변화하는 자동차와 자동차 판매시장의 경쟁구도,

그리고 소비자의 변화는 어떠한 모습으로 변화하는지 상상해 보고 싶다.

이미 유럽에서는 연료를 사용하는 자동차의 생산을 금지 시켰으며 미국과 중국, 그리고 인도는 전기차와 태양열과 같은 친환경 자동차의 개발 및 상용화에 나서고 있다. 이처럼 혁신적으로 변화하고 있는 것이 자동차이고, 자동차 회사들은 종전의 경쟁으로부터 벗어나 완전히 새로운 분야에서 격돌하게 될 것이다.

이처럼 자동차 판매는 환경보존을 병행하는 친환경 자동차 마케팅으로 변화할 것으로 예상된다. 친환경 자동차로 자동차들은 변화할 것이며, 이미 서두에 말한 것처럼 자동차의 다양성은 점차 줄어들어 획일화에 가까운 모습으로 변화할 것으로 예상된다.

내연기관의 자동차들이 강세가 한 번에 끝나지는 않는 것처럼 전기차와 친환경 자동차들의 진입 역시 점진적으로 이루어지며, 결국 구부러지던 대나무가 어느 시점을 기점으로 부러지듯이 혁신적으로 자동차 시장이 변화를 맞이하여 친환경 자동차들이 대세를 이룰 것을 조심스레 예상해 본다.

하지만 좀 더 가까운 미래를 생각하면 자동차 판매에 있어서 상당한 활기가 예상된다. 경차 시장과 소형차 시장, 그리고 세단 시장을 아우르는 자동차 시장의 통폐합 구도가 예상되기 때문이다.

사회제도적으로도 자동차세는 분명히 다른 이름의 세금으로 바뀌게 된다. 즉 자동차세로 환경을 개선한다는 말로 유지되던 자동차세가 없어지고 친환경 전기차 시대가 도래하더라도 유지

관리비는 0이 될 수 없다는 것이다. 어쨌든 유지 관리비가 발생되게끔 만들 것이고, 나라에서는 새로운 세금을 걷어 갈 것이기 때문이다.

자동차 판매처 또한 전기차 시장만을 위한 공간이 따로 만들어질 것이라고 생각한다. 전기차를 생각하는 사람은 내연기관 자동차를 볼 필요도 없고 구매할 의사도 전혀 없기에 오직 전기차만을 위한 매장이 반드시 생길 것이고, 전기차를 체험하는 매장이 생길 것이라 상상해 본다. 전기차 시장이 앞으로 좋은 시장이 될지, 아니면 더 어려운 시장을 만들지는 직접 경험해 나가야 한다. 그저 새롭게 공부해야 할 과목이 생겼구나 하고 생각되는 것이다. 소개 역시 "리터 당 몇 키로 갑니다."가 아닌 "몇 킬로와트 당 몇 키로 갑니다." 아니면 "1회 충전으로 몇 키로 갑니다.", 또는 "1시간 충전으로 몇 키로 갑니다." 등 다양하게 변화될 것이다.

결국 우리들은 아침마다 회사를 가고 아이들은 학교를 간다. 직장에서 월급이 나오고, 마트에서 장을 보며, 외식을 하고, 주말에 나들이를 원하며, 되도록이면 유지비가 적게 나오는 차량이 앞으로 나에게 유익할 것이라는 생각으로 사람들은 전기차를 많이 원할 것이다.

기름으로 차량이 굴러가지 않고 전기로 굴러가는 차량을 타는 사람들은 눈에 보일 정도로 유지비가 절감되어야 기존 차량보다 불편한 전기차를 탈 것이다. 하지만 그를 위해선 정부 시책과 세금 정책 등이 확실하게 유지비를 절감시키는 방향으로 자리를 잡아줘야 한다. 그래야 범세계적으로 불고 있는 전기차 시장에 발맞추어 전기차 소비가 확산될 수 있다.

결국 제도적으로 많은 혜택이 전기차에게 돌아가야 한다. 즉 구매하는 사람이 유지비로 사용하는 비용이 줄어야 한다는 것이다. 충전시설 비용이라고 해서 절대로 비용을 많이 받아서는 안 된다. 이는 시장을 망치는 일이며 전기차 확산을 막는 어리석은 짓이다.

날개에 대한 생각은 이제 진부해질 것 같아서 그만 하고 싶다. 이 이야기의 결론은, 자동차는 혁신적으로 많이 바뀔 것이고 그 것으로 인하여 자동차시장이 변화할 것이라는 점이다.

이제 날개라는 주제로 더 이상 글을 이어가고 싶지는 않다. 재미가 없어졌다. 다른 무엇인가로 뛰쳐나가고 싶다는 생각이 들기 때문이다. 누군가가 읽는다고 생각하면 일이 되어버린다는 것을 알아버렸다. 오직 나의 생각으로, 나의 눈으로, 그리고 지금 보이는 이 자판을 타박타박 두들기며 한 글자 한 글자 작성하는 이 순간이 즐겁다. 생각이 없어도, 그리고 재미가 없고 유익하지 않다 하여도 현재 내 마음속에서 줄줄이 이어지는 말들과 생각들이 좋다.

어린 시절, 일기장 검사까지는 이해하지만 선생님들의 사견이 들어가는 것은 왠지 모르게 싫었다. 감시 받는다는 생각이 들어서인지도 모른다. 자동차를 판매하는 일을 시작하고 나서, 나는 이제야 초등학생 1학년을 마쳤다. 일 년을 일한 만큼만, 딱 일 년 만큼만 느끼고 적어보고 싶은 것이 나의 욕심이다.

오지 않는 손님을 멍하게 기다리는 것보다 무료하고 지루한 일은 없다. 하지만 나는 취미를 찾았다고 본다. 아무런 의미 없이 마음속과 머릿속에서 빙빙 도는 자기만의 생각을 적어 나가는 것. 그런 생각과 글을 모아 가는 것이 그냥 좋을 뿐이다. 그러다가 어쩔 때 좋은 결론이 나면 스스로가 대견하고 즐거움을 느낀다.

나는 이렇게 생각한다. 나의 삶도, 나의 직장도, 생업도, 인간관계도 억지를 쓰지 않고 살아야 한다.

오늘은 이만 적으며 다음의 주제는 다음으로 미룬다.

2017.0721

2. 첫 대면 첫 대화 유도법

오늘은 한가한 당직일이다. 그동안 자동차 판매에 대한 이야기가 아닌, 차량과 기타 여러 가지 요소에 대한 고찰을 한 내용들을 적어 봤다. 그런데 요즘 들어 매장의 문을 열고 들어오는 다양한 사람들의 첫 대면과 첫 대화가 눈에 들어온다. 그래서 이번엔 첫 대면과 첫 대화를 어떻게 풀어가는 가는 것이 좋은지 생각하는 글을 써보기로 한다.

보통 "안녕하세요. 어서 오세요, 반갑습니다. 아시는 영업사원이나 판매사원이 있으신가요?" 등으로 시작하여 "있다.", "없다." 라는 대답을 유도한다. "있어요.", "없어요." 등으로 시작하는 대화법은 서로 간의 단절을 가져오며, 결코 관계를 넓힐 수 없는 대화법임을 알고 있으면서도 사람들은 습관적으로 말하게 된다.

여기에 오기까지의 다양한 심리를 구상하자. 그리고 말보다는 눈으로 그들에게 무엇이 필요한지를 생각해보는 시간을 갖자. 전문성을 보일 수 있는 인사를 구상하자. 어떤 멘트가 좋은지 고민하고, 좋은 멘트로 다가서고, 누가 방문하더라도 독창적인 인사라고 생각해야 하며, 인사 멘트가 오래도록 기억에 남도록 해야 한다. 내가 여기에서 차를 사는 것은 차량의 전문가인 영업사원이 있기 때문이라고 생각하게끔 말해야 한다.

예를 들어 매장에 들어오는 고객에게 원하는 자동차를 묻기 전에 "여기에 진열된 차량은 경차와 세단, 그리고 다목적차량과 소형세단, 소형suv식으로 진열되어 있습니다."라며 객관적인 정보를 알려주고, "원하시는 차량이 어떤 차량인지 모르지만 분명히 어떤 차량을 선택하시더라도 자사 차량 고유의 안전 철학이 모든 차량에 잘 적용되어 있으므로 선택에 후회는 없으실거라고 장담합니다."라는 멘트로 시작해 보는 것은 어떨까?

경차는 모닝과 레이가 경합 중이고, 세단인 말리부 1.5/2.0의 경쟁 상대는 쏘나타와 그랜져를 아우르는 중대형 세단이며, 젊은 세대와 중장년 세대를 넘나들 정도로 인기를 누리고 있음을 알려주자. 그에 대한 근거로 세련된 디자인과 시장에서의 좋은 반응, 해를 거듭해 갈수록 기존 오너들의 입소문이 퍼져 자사 차량의 재구매를 독려한다는 이야기 등 제품에 뛰어난 상품성이 있음을 고객에게 어필한다면, 고객은 수긍의 몸짓과 다양한 언어로 표현해줄 것이라 믿는다.

이야기하고자 하는 요점은 첫 대면과 첫 대화를 어떤 식으로 이끌어 가는가 하는 것이다. 그리고 짧은 시간 안에 고객과 자신의 생각에서 공통점을 찾은 후에 대화의 공을 고객으로 넘기게 되면, 고객은 다른 매장에서 상담했던 내용과의 차이를 발견하고 차량을 보는 시선을 좀 더 바꿀 것이라 생각한다.

매장을 찾는 사람이 누구든지 간에 첫 대면을 길게, 혹은 짧게 구상하고 대화하는 방법이 항상 옳다고는 할 수 없다. 하지만 매장에 들어온 사람이 누구든, 나는 첫 대면 후 첫 대화를 여는 것이야말로 선점이며 선빵이라고 생각한다. 짧든 길든 처음의 중요함을 놓쳐선 안 된다는 것이 요점이다.

가끔 입장하자마자 신차 판매사원이 인사를 하고 대화를 이끌기 전에 바로 치고 들어오는 고객들이 있다. 예를 들면 "차만 보러 왔습니다.", "견적 좀 받으려고요." 등 본인이 필요로 하는 것 이외의 다른 점은 무시하겠다는 일종의 거리두기 또는 방패를 준비하고 오시는 분들이다.

글 쓰는 입장에서, 내가 그런 식으로 다른 매장에 들어서는 사람이라 생각해보고 이에 대한 대처 방안을 생각해 본다.

차만 보러 왔다 것은 차의 내부와 옵션 등에 대해 자세히 알고 싶다는 말의 우회적인 표현이다. 이미 출시한지 1년 이상 지난 제품의 경우를 보면 외관에 대한 호감도는 높으나 실제 성능과 내부 인테리어와 옵션이 어떤 식으로 구성되어 있는지, 외관을 제외한 내부 인테리어와 옵션과 차량의 트림별 상세한 가격이 어떤 식으로 구성되어 있는지를 알고 싶은 것이다. 그러니 "구매 이전의 사전 조사 단계라고 생각이 듭니다. 맞습니까?"라고 고객이 하고 싶은 말을 체계적이고 일목요연하게 정리해 본질을 파악해야 하며, "실제 외관과 내부 인테리어, 그리고 옵션 선택과 트림별 가격선택 및 구매해택을 정리해 드리겠습니다. 그러면 방문하신 목적을 이룰 수 있다고 생각됩니다." 등으로 재빠른 상황판단을 해야 한다. 이를 통해 서로 가지고 있는 생각을 일체화하여 하나의 길을 바라보며 이야기할 수 있는 공통된 주제를 찾는 것이 중요하다고 생각한다. 더불어서 모든 조건이 만족스러우면 구매하는 것이 좋지 않겠느냐는 긍정적인 생각을 흘려주어야 한다.

"주말이면 가족과 또는 연인과 드라이브 나갈 수 있도록 출하가 가능한 차량부터 주문 후 1주일 이상, 또는 3주일 이내에 출하가 가능한 차량이 있기에 차량이 필요한 시점을 담당 신차 판매사원인 저와 함께 조율해 주시면 됩니다." 등 차를 고르는 심리가 아닌 이미 마음속으로 신차를 인도받은 듯한 이미지를 그려주는 것도 괜찮은 방법이다.

인간은 선택을 앞두고 혼란스러워 하며, 최종선택을 해야 할 때면 정신적인 부담을 느낀다. 신차 판매사원은 이런 어려움에 빠진 고객들의 몸부림을 많이 보아 왔다. 고객들은 생각을 더해 본다고, 또는 신차구매 시기를 늦추겠다고, 아내와 상의해 보겠다고 하는 다양한 변론을 이야기 한다.

대부분 차량 가격을 잘못 선택하였거나, 할부조건과 이자 등 금전적인 부담을 느낀 후 차량구매자체를 미루는 경우로 볼 수 있다. 그래서 어떤 견적이 차량구매로 진행되는지, 어떤 견적이 구매취소로 이어지는지를 잘 알아야 한다. 견적을 상담할 때 제일 중요한 부분은 고객이 원하는 견적으로 만들 수 있도록 끊임없이 대화하면서 진정 원하는 견적을 만들어 주어야 한다는 것이다. 그리고 그 견적에 대한 확실한 믿음이 생기면 계약을 할 수 있도록 일종의 암시를 주어야 한다.

"요구하신 견적이 만들어졌습니다. 원하시는 견적에 더 이상 반영할 것이 없으시면 계약으로 진행하여도 괜찮을까요?" 등 억지스럽지 않은 자연스러운 진행으로 이끌어 가야한다. 고객의 주체적인 결정과 자연스러운 진행으로 계약이 이루어질 수 있도록 유도하는 능력을 키워야 한하는 것이다.

신차 판매사원은 견적을 발송하고 작성해주는 개인비서가 아니다. 최종적으로 고객이 구매를 확정할 수 있도록 만들어주어야 한다는 책임감을 가지고 상담해야 한다. 나는 상담 중에 간혹 고객에게 구매를 확정하는 단어를 사용한다. 예를 들면 '구매에 앞서'라든지 '예정'이 아닌 확정적인 단어의 사용을 늘린다.

"결정하심에 문제가 될 것이 없으시면"이라든지, "좋은 결정을 하신 것입니다."라고 이야기할 때 은연중에 말하고, 자연스럽게 "계약하고 나서의 부담은 없으실 겁니다." 등 불안한 심리를 다독일 수 있는 이야기를 자주 꺼내며 자연스럽게 시간을 주는 방법을 사용한다. 그리고 고객들이 결정을 내리는 것을 주저하게 만드는 최종고민이 무엇인지를 말할 수 있는 기회를 주어야 한다.

사람은 최종결정을 앞두고 본심을 밝힐 시간이 오면 자신들이 자동차를 구매할 때 바라는 점과 원하는 점을 술술 말하기 시작한다. 그것이 어떠한 서비스를 요구하는 것일 수도 있고, 자동차 할부 및 캐피탈 등일 수도 있다. 여하간 다양한 이야기가 지체 없이 쏟아져 나온다. 고객이 진정으로 원하는 것을 알아야 신차 판매영업사원도 좀 더 상담하기 편해지며, 계약의 성사에 한 걸음 더 가까워진다. 그래서 자꾸 두드려야 한다. 굳게 닫힌 문이 열릴 수 있도록 두드리고, 그 닫힌 문을 열면 되는 것이다. 우리는 그 문을 열고 들어갈 수 있다. 들어가서 계약을 방해하고 고객이 최종결정을 내리는 것을 방해하는 걸림돌이 무엇인지 빨리 잡아내고 그 문제를 해결할 수 있는 방안을 내놓아야 한다. 그래야 신뢰를 바탕으로 계약이라는 결과를 얻을 수 있다.

이 모든 과정은 신뢰를 기반으로 하는 하나의 게임으로 봐야 한다. 우선 거짓 없이 자신의 능력과 책임의 소관을 철저히 밝히고, 이런 점을 나를 찾아온 구매 잠재고객에게 철저하게 인식시켜야 하며, 고객에게 믿음과 희망을 주어야 그들이 소중하게 지키고 있는 구매 선택이라는 표를 얻을 수 있다.

차만 보러 왔는지, 카탈로그를 가지고 왔는지, 아니면 견적만 비교하고 싶어 왔는지는 주목할 일이 아니다. 진정으로 구매 잠재고객에게 도움이 될 만한 정보와 차량구매 핵심 포인트를 잘 전달하고, 견적방문이 계약으로 가기 위한 한걸음이라고 생각할 수 있도록 느끼게 해주어야 한다.

견적을 달라는 것이 어떤 것인지를 곰곰이 생각해 보자. 견적은 동일 차량이든, 비교대상이 있는 차량이든 최종적으로 본인의 금적적인 가능성을 비교하여 최대한 효율적이고 비손실적인, 간단히 말하여 금전적으로 최대의 효과와 금전적 손실을 막기 위한 하나의 비교 방법이다. 즉 비교하겠다는 이야기이다.

핵심을 찌르는 질문을 해보자. "견적을 받겠다고 하셨지요? 타사와 비교할 견적이 필요하신지 아니면 다른 대리점과 비교하실 견적이 필요하신지요?"를 직설적으로 묻는다면 고객은 어떠한 반응을 보일까?

우선 직설적인 질문은 무례하게 보일 수 있으니 먼저 양해를 얻고 "고객님께 필요로 하며 반드시 이익이 되는 질문이니 송구스럽지만 여쭤보고 견적을 올려 드리겠습니다."라고 물어본다면 고객도 내가 정말 필요로 하는 견적을 얻기 위해서 나도 무언가를 주어야 한다는 생각이 들 것이다. 그리고 신차 판매원은 고객이 그런 생각을 가지게끔 만들어야 한다.

생각하고 대답하기 전에 신차 판매사원은 두 가지를 제시하면서 고객이 선택하게 만들어야 하고, 견적을 심플하게 정리해 주어야 한다.

'특정 차종을 생각하고 있으시면 견적을 내기 수월하며, 타사 차량과 비교용으로 자사 차량의 견적이 필요하시면 타사 차의 옵션과 가격을 잘 알아야 경쟁이 가능한 차량의 옵션과 가격으로 견적을 내드릴 수 있다.' 등의 고객이 견적을 어떻게 사용할지 그 목적을 알아야 한다.

차량가격과 할부금, 할부이자 등 월 할부금이 대략 얼마 정도 나가는지를 가장 간단한 방법으로 알려주고 시작하자. 30초 이내 지불 가능한 금액을 제시해 주고 진정으로 원하는 옵션과 트림을 잘 들어주고 시작하는 것이 상담을 간략하게, 그리고 알차게 진행해 나갈 수 있다.

이제 결론을 이야기 하면, 첫 대면과 첫 대화는 신뢰가 가는 전문적인 설명을 기반으로 신속한 견적을 통하여 지루한 시간을 줄여 합리적이고 가성비 강한 차량을 고객이 선택할 수 있는 시간을 주어야 한다는 것이다. 또한 최종 계약에 대한 부담감을 줄이고 고객이 스스로 결정하게 함으로써 해약율을 줄여야 한다. 첫 대면과 첫 대화는 그 길을 위한 첫걸음이라고 본다.

본인도 자주 견적이라는 틀에 얽매여 시간을 많이 빼앗겼고, 정작 중요한 시간을 놓치는 경우를 많이 경험해 보았다. 지루하고 힘든 시간은 차량의 브랜드로 이어지고 구매 자체를 다시 생각해보게 만드는, 옳지 못한 판단으로 가는 지름길이다. 상담은 재미있고 유익해야 한다. 그래야 고객도 즐거워하며, 그런 기분이 들어야 구매를 하고 싶다는 기분이 든다. 설명이 지루하면 절대로 구매가 즐거울 수 없다.

2017/08/06

3. 즐겁게 심각하게 만들자

고가의 자동차를 구매하는 일이 어찌 쉬울 수가 있을까? 고객에게 직설적으로 물어보자. 자동차를 구매하는데 지금 어떤 걸림돌이 있는지 알아야 그에 맞게끔 설명할 수 있음을 알려주자.

이미 자사 차량이라는 브렌드를 찾아주고 방문해 주었다면, 브렌드의 어떤 특징에 마음이 끌려서 방문하게 되었는지 듣고, 고객이 듣고 싶은 이야기를 많이 해주어야 한다.

선택 차량에 대한 안전성을 보고 왔다면 안전성만큼은 최고로 잘 설명해야 한다. 선택을 후회하지 않도록 확신을 주어야 계약이 잘 진행된다. 그리고 현재의 설명에 주안을 두고 불필요한 군더더기는 집어치우자. 듣고 싶은 내용을 찾아야 한다. 예상을 하면서 대화를 하고, 중간중간 확인을 해봐야 한다.

이미 구매를 진행하신 분들의 이야기나, 필요한 시기에 차량을 인도 받을 수 있도록 충분이 조절 가능하기 때문에 오늘 차량 구매를 결정한다 하여도 절대로 서둘러서 진행하는 것은 아니라고 안심시켜야 한다.

고객이 차량을 구매하는 방법과 조건을 충분히 이해할 수 있도록 설명이 이루어져야 계약이 이뤄지는 과정이 깔끔하다. 잘 이해를 못하게 되면 한 번 더 생각해 봐야 한다는 애매한 대답이 돌아온다. 그래서 차량설명과 더불어 가장 중요한 것이 구입 조건과 할인을 받는 조건을 고객이 이해할 수 있도록 가장 간단한 방법으로 쉽게 설명해야 하는 것이다. 그리고 그런 설명법을 자주 개발하고 연구해야 한다. 확실하게 지금의 고객이 "내가 이러이러한 조건으로 좋은 차량을 싸게 잘 구매했다."는 식으로 다른 누구에게 소개할 수 있도록 설명해야 한다.

하지만 설명의 순서를 바꿔야 한다. 할부금 납부를 미리 떠오르게 하면 안 된다. 계약하겠다는 확언이나 계약 가능성이 있을 시에 짧고 빠르게 잘 설명하면 된다. 우선 정확하게 어떤 차를 좋아하고, 어떤 색상을 원하며, 옵션은 무엇을 선택할 것이고, 용품과 기타 선팅 농도를 선택하게 하면서 재고 차량을 고르게 해줘야 한다.

차량 납기에 있어서는 여유를 가지고 이야기해야 한다. 그래야 안심한다. 의식의 흐름을 체계적으로 진행해야 한다. 재고차량을 불쑥 이야기하거나, 할부가 어떻고 할인이 어떻고 하는 이야기를 할 필요는 없다.

그래서 설명 전에 고객에게 이야기 한다. 지금까지 왜 자동차를 구매하는 경험이 어렵고, 혼란스럽고, 구매를 선택하기까지 힘들었는지를 미리 말한다. "체계적으로 설명 드리겠습니다."라고 말하며 이야기 해보자.

"자동차에 대한 설명과 선택하신 차종의 트림과 옵션을 잘 선택하실 수 있게 최대한 도와드리겠습니다. 분명 후회 없는 결정을 하시게 될 것입니다. 국내 자동차 시장에서 안전과 성능을 많이 인정받았기 때문에 만족하시며 타실 수 있습니다."라고 사전에 말을 해봐야 한다. 짧고 빠르게 말하며, 여기 이사람이 무슨 이야기를 하는지 이해할 수 있도록 강하고 핵심적인 말로 설명해야 한다.

또한 "부가적인 비용이 들지 않도록 최대한 배려해 드리겠습니다. 다른 비용을 요구하는 것이 다반사이지만 최대한 배려해 드리겠습니다." 라고 미리 핵심을 찔러 줘야 한다.

'그래 들어보자'라는 생각이 들게끔, '내가 궁금한 것에 대해 이 사람은 어떻게 설명할까? 설명이 어떻게 다를까?'라는 생각이 고객의 머릿속에 떠오르게끔 해야 하며, 고객을 안심시켜야 하고 지루하지 않도록 즐겁게 설명해 줘야 한다.

서비스의 종류나 받을 수 있는 방법 등 고객들이 물어보기 언짢은 것을 미리 설명하여 홀가분하게 만들어 줘야 편하게 자동차를 구매할 수 있는 분위기를 만들 수 있다. 그 후 신차 판매사원은 잠시 자리를 비워줘도 좋다. 혼자 있게끔 만들어 주며 주도적인 결정을 내릴 수 있는 시간을 주는 것도 나쁘지 않다.

절대 '생각'이라는 단어를 쓰면 안 된다. 계약은 일종의 최면 같은 것이다. 넘어오게 만들어야 한다. "계약을 생각해 보시죠."라고 하면 진짜 생각만 한다. '좋을까?', '나쁠까?', '지금 하는 게 좋을까?' 등 애매모호한 단어를 사용하면 절대 안 된다. 우리가 해야 하는 것은 차를 살 수 있도록 최대한 도와주는 것이다. 자꾸 고객을 혼란에 빠뜨려서는 안 된다.

단순명료하고 확신을 주어야 마음이 움직일 수 있다. 그리고 똑바로 고객을 응시하자. 내가 우유부단한 모습을 보이면 고객 또한 우유부단해 질 수 있다. '된다.', '안 된다.' '해줄 수 있다. 없다.'를 확실히 제시해 주어야 차후에 문제가 발생되지 않는다.

그래서 의식의 흐름을 체계화 하는 방법을 생각해 봐야 한다. 고객이 어떤 사고방식으로 자동차 매장에 방문하는지, 그들의 심리상태는 어떠한지를 나는 잘 관찰하기로 했다.

"지금 차를 구매하시는 데 가장 걱정되는 게 무엇인지요?" 솔직하게 질문하는 것도 나쁘지 않다. 서로가 솔직해져야 신뢰할 수 있고 믿음을 줄 수 있기 때문이다. 숫자는 가급적 마지막에 설명한다. 옷으로 비유하자면 고객이 자신에게 맞는 옷을 구매할 때 직원이 나서서 옷의 치수를 알려달라고 하는 것처럼 필요한 것을 알아내야 한다.

그것이 가격이 되었든 옵션 사양이 되었든 잘 맞는 옷을 입듯이 잘 맞는 차량을 구매하면 된다는 것을 인지시켜 주면 되는 것이다. 예를 들어 작업에 필요한 작업복을 사듯이, 아니면 등산에 필요한 기능성 옷을 고르듯이 "차를 구매하는 목적에 철저히 맞춰서 구매하시면 가장 좋은 선택을 하는 것이며, 저 같은 신차 판매사원이 가장 효율적인 차량을 최대한 저렴하게 구매하는 방법을 잘 알려드리도록 하겠습니다."라는 이야기가 필요하다.

'즐겁고 심각하게'라는 주제를 던진 나는 이제 이런 결론을 내고 싶다. 수많은 교육에서 나는 자동차를 사는 것이 즐거운 일이라고 교육받았지만, 신차 판매사원은 심각함을 파고들어야 한다. 고객이 심각하게 생각하는 것을 해결하여야 계약으로 가는 길이 보이기 때문이다.

고객이 차량을 사는 것으로는 내가 즐겁지 않다. 나는 내가 차량에 대한 설명을 할 때 좋다고 말해주는 고객의 반응에 즐거움을 느낀다. 고객이 신차를 타고 다닐 상상을 하는 것에 맞장구를 쳐줄 수 있지만, 그런 맞장구가 고객의 구매에 방해가 되는 걸림돌이라는 사실을 간과해서는 안 된다.

그래서 때로는 철저하게, 심각하게 이야기해야 한다. 차량은 색상과 옵션을 잘못 정하게 되면 구매취소와 컴플레인으로 이어지는 제품임을 절대 잊지 말아야 한다. 그러니 늘 확인하고 반문하자. 그리고 항상 유연한 결정이 동반될 수 있음을 사전에 공지해야 한다.

여기서 유연한 결정이라 함은, "화이트 펄과 화이트는 같은 계열이므로 없을 시 대처가 됩니다. 두 제품의 색상은 엄연히 다르지만 구매하시는 분은 구분해도 다른 사람들은 그냥 흰색으로 알고 있는 경우가 많습니다. 보통 화이트 계열과 블랙계열로 나뉘기에 만일 같은 색상이 없다면 같은 계열로 구매하시면 됩니다. 그래서 자동차 회사들이 빨주노초파남보로 색상을 만들지 않으며 화이트계열이나 블랙계열 등으로 제조하여 재고량을 일정히 유지하는 방법을 택하고 있습니다. 다만 블랙과 건 그레이의 경우 명암 차이가 그리 많이 나지 않은 경우에만 그럴수 있습니다."라고 설명하면 대부분은 "아 그렇구나. 그럴수 있구나. 색상이라는 건 정할수 있지만, 없다면 같은 계열의 차량으로 바꿔도 내가 원하는 색상의 취향에서 크게 벗어나지 않는구나."라고 생각한다. 신차 판매원은 이렇게 만들 수 있는 능력을 지녀야 한다.

물론 정확한 색상을 원하는 분들도 계시지만, 판매원이 색상을 정해주는 경우도 많다. 그럴 땐 어떠한 이유든지 공감하고 호응할 만한 이야기가 필요하다. 그래서 나는 색상의 계열로 고객에게 설명한다.

내가 교육받은 내용 중에 '손님과 이야기 할 때 내가 하는 이야기가 절대로 논리적이거나 정의는 아니다.'라는 내용이 있다. 이 말은 손님과 내가 차를 앞에 두고 서로의 경험을 토대로 이야기 나누는 것이라는 뜻이다. 그래서 정확한 사실을 이야기 할 때는 심각해져야 함이 옳고, 정확한 사실이 아닌 주제로 이야기 할 때면 유연하게 이야기하며 개인의 사견이 담긴 이야기도 경험을 토대로 설명하여야 한다. 고객은 신차 판매사원의 경험을 신뢰하기 때문에 판매사원의 경험도 구매를 결정하는데 도움이 되는 하나의 커다란 힘이 될 수 있다.

거짓은 들통 나기 마련이며, 수습하기 힘들고 계속 부연설명을 붙여야 하기 때문에 모르는 것은 모를 수 있음을 알려야 한다. 이때는 솔직한 면모를 보여준다는 생각으로 이야기해야 한다. "미처 거기까지는 저도 생각해보지 않았는데 정말 대단하십니다."라고 역으로 칭찬하자. 고객이 "아니 이 양반이 이래서 차 팔 겠어?"라는 생각을 하는 게 아니라, "내 감각이 아직 살아 있구 나."라고 생각할 수 있게 되돌려 주어야 한다.

4. 4장의 서두

3장에서는 자유로운 생각으로 작문하려 했다. 날개를 주제로 시작한 이야기는 자유롭게 생각하고 상상하고자 했다. 그 자유로운 생각의 근본은 너무 얽매이지 않은 유연한 사고방식으로, 이 일을 할 때 중요한 자질임을 나는 이번 작문을 통해서 나의 견해를 넓힐 수 있었다.

배운다고, 익힌다고 다 잘되는 것은 아니다. 우리는 전문 엔지니어가 자신의 분야를 벗어나 해매는 다양한 경우를 보아 왔다. 그래서 날개라는 다소 동떨어진 주제로 3장의 주제를 시작해 본 것 같다. 계획을 통해 주제를 정하는 것이 아니었다. 갑자기 떠오르는 무엇을 생각해 보고, 자동차 판매 영업을 하는 나는 어떻게 대처를 할 것인가를 생각해 보는 장이었던 것이다.

올바르게 상담하는 방법은 정확하게 정의되어 있지 않다. 하지만 피해야 할 것과 도움이 되는 것, 지키면 좋을 순서는 있다고 생각했다. 계약이라는 결과를 얻기 위해선 각자마다 자신의 스타일을 만들어야 하는 것이다. 즐거움과 심각함이란 주제는 어쩌면 저자의 상담 스타일인 것이며, 신차 판매사원들은 각자 자신의 스타일을 찾는 게 중요하다. 그리고 어떤 식으로든 노력해야 한다. 누군가에게 신뢰를 받아야 한다면 어떻게든 신뢰받기 위해 노력해야 한다.

사랑을 얻기 위해 그녀가 무슨 색을 좋아하고 어떤 음식을 좋아하는지 알아내는 것처럼, 해바라기처럼 해만 바라봐야 하는 맹목적인 것이 필요해야 할지도 모른다. 그러한 관심이 그녀의 가슴에 뿌리를 내리고 결국 나에게 꽃이 되어 돌아올 수 있기 때문이다.

수많은 상황과 대치해야 할 이 직업은 어제와 오늘이 다르고, 내일도 장담할 수 없다. 당장 이번 달 실적이 좋았다 해도 다음 달과 내년을 기약할 수는 없다는 것이다. 그래서 힘든 직업이다. 하지만 자사브랜드를 위해, 대표이사를 위해 일하는 것은 아니다. 어디까지나 나의 가족을 위해 일하는 것이기에 어려운 길을 한 걸음 한 걸음 가는 것이다. 신차 판매사원들도 힘들고 어려움이 닥치는 현실과 마주칠 때면 자신의 가족을 위해서라도 포기하지 않았으면 한다. 그러한 힘은 자신감에서 나오는 것이기에, 항상 자신의 일에 자부심과 긍지를 잊지 않고 생활 하여야 한다.

1. 자신감

앞뒤가 맞지 않는 설명으로 어찌 자신감 있게 누군가 앞에서 강의하듯이 이야기 할 수 있겠는가? 모르는 것은 되도록 피하며 아는 것만으로도 자신 있게 설명하며 끌고 나갈 수 있는 배짱이 필요하다. 그리고 결과에 연연하지 말아야 한다.

좋은 조건이 모두 충족되었다고 해도 자동차 구매로 가는 길은 그리 쉽지 않다. 항상 변수가 존재하기 때문에 그 변수를 하나하나 해결해 나가는 것이 신차 판매사원이 해야 할 일이며 경험인 것이다.

때로는 자신감 있는 설명과 논리가 있어도 지나치게 설명하면 안 되는 것이다. 보통 사기꾼이 많이 사용하는 방법이기 때문이다. 생각할 시간을 주지 않고 무조건 동의를 얻어내 결과를 유도하는 방법은 사기에서 많이 사용되는 방법이다. 그렇기 때문에 설명과 사기는 근본적으로 비슷한 점이 있다. 듣는 누군가를 이해시켜 본인의 이익을 추구하는 개념에서 같다고 생각 한다.

하지만 신차 판매사원은 그래서는 안 된다. 정확한 정보를 주되 억지로 이해시키려는 지나친 친절을 피해야 고객이 피로해 하지 않는다. 상대방의 설명을 억지로 이해하려는 순간, 긍정적인 감정이 부정적인 감정으로 돌아선다.

1부터 100까지 잘 되어야 계약이 성립된다. 그 길은 결코 쉬운 길이 아니다. 99까지 잘 진행되다가 실패한 경우가 보통 이런 경우다. 누군가를 이해시키는 일이 결코 쉬운 게 아닌 것이다. 영업사원들은 항상 하는 일이기에 자신이 아는 것을 구매 잠재고객들도 알고 다 이해한 것 같다고 생각할 수 있다. 하지만 정작 구매 잠재고객들은 자동차 구매 및 할부내역, 캐피탈 등에 대해 잘 이해하지 못한다. 그래서 고지에 대한 의무 불이행으로 서로 간 분쟁이 발생하기도 한다.

신차 판매사원에게 당부하고 싶은 이야기는, 고객들은 이해하고 싶은 것만 받아들이며 불편하거나 손해가 발생할 만한 내용은 받아들이지 않는다는 것이다. 그렇기에 중요한 부분에 대한 설명은 천천히, 확실하게 확답을 얻고 난 후 상담이 이루어져야 한다.

우리는 가끔 이런 소릴 듣는다. "왜 그때 제대로 설명 안 해주 셨습니까? 그렇다면 저는 이런 결정을 내리지 않았을 텐데."라 고. 설명을 해주었지만 완전히 이해하고 넘어가지 않은 것은 손 님의 잘못일까, 아니면 신차 판매사원의 잘못일까? 나는 후자라 고 본다.

문제가 일어났을 때, 손님은 무지한 상태에서 연락을 취해오는 것이다. 알고 있는 상태라면 결코 신차 판매사원을 탓하지 않는 다. 본인이 감안하고 해결하는 방법을 찾게 되고, 신차 판매사원 에게 도움을 요청하게 된다. 그 문제를 해결해 준다면 더욱더 신 뢰가 쌓이게 되겠지만, 고객이 설명을 이해하지 못해 무지한 경 우라면 서로 간의 싸움으로 번지고 신차 판매사원의 평판마저 나빠지게 된다. 1:250이라는 이론이 있다. 한 사람이 평생 인연 을 맺는 평균적인 사람의 숫자로, 한 사람이 250명에게 영향을 줄 수 있다는 것이다. 때문에 고객이 이해를 잘하고 넘어가는지 확인하는 이 절차는 앞으로 영업활동의 증대를 가져오거나, 반 대로 지속적인 마이너스를 가져올 수 있다.

나비효과는 세상 어느 곳에서도 발생한다. 우리는 오늘 만나 는 누군가가 앞으로 나에게 어떤 나비효과를 가져오는지 곰곰이 생각해야 한다. 그리고 반대의 경우도 생각해야 한다.

자신감이란 단어로 시작한 4장에서는 기존 자동차와 고객대 면, 그리고 판매에 대한 개인적인 생각과 사람을 만나는 것, 그 리고 서로 간에 기본적으로 느껴지는 감정과 느낌에 대해서 작문하기로 생각한다.

상대방의 입장에서 생각하여 그 입장을 존중하고 배려하는 마음으로, 강압적이지 않은 강조를 통한 부드러우면서 강한 인상의 판매 전술이 무엇이 있을지 생각한다.

4장의 포문은 신차 판매사원의 자신감이 고객에게 신뢰를 얻을 수 있다는 취지로 시작하지만, 자신감만 넘치는 신차 판매사원이 되어서는 안 된다. 고객이 그것을 유능함으로 받아들여 계약으로 이어질 수 있는 자신감이 중요하다. 더불어 앞으로 누군가를 만났을 때 배려를 전제로 상대방의 입장을 잘 이해하고 원하는 방향으로 끌고 나갈 수 있는 자신감이 중요한 것이다.

2. 공감

자신감보다 먼저 일어나는 감정이어야 한다. 공감을 느껴야 한다. 젊은 친구로부터, 젊은 아가씨로부터, 중년아저씨로부터, 중년아주머니로부터, 퇴직한 장년과 할아버지, 할머니 등 모든 연령층의 사람들에게 공감을 느껴야 한다. 어떠한 사람이라도 비슷하거나 공통된 관심사를 찾아야 한다.

그것도 빨리 찾아야 한다. 쉽지는 않겠지만 그래야 한다. 군대를 갔거나, 같은 지역에 살거나, 아니면 누군가와 같은 곳에 살았거나, 성이 같거나, 와이프의 고향이 같은 지역이거나, 아버지가 그 지역에서 군 생활을 했거나, 고객이 예전에 다녔던 직장 주변을 잘 알거나… 수만 가지 이유를 뒤져서 공감대를 찾아야 한다. 이 직업은 공감대를 찾지 못하면 주저 앉는 직업이기 때문이다. 사막에서 반지를 찾듯이 재미있게 잘 찾아야 한다. 그리고 유추할 수 있는 능력이 있어야 한다. "그곳에 사셨다면 어느 식당 가보셨는지요? 그럼 아이들은 어느 유치원 다녔겠네요. 지금은 어느 초등학교에 다니나요? 그럼 제 아이와 같은 반이니 저희 같은 학부모입니다." 등과 같이. 위와 같이 지역과 아이들이 다니는 학교라는 공통점이 있다면 같은 학부모 관계로 이어진다.

관계란 그런 것이다. 기존의 관계에 머무르면 판매사원과 고객이라는 다소 딱딱한 관계에서 일을 진행해야 하지만, 아이들이 같은 학교에 다닌다는 사실을 통해 같은 학부모라는 동질감이 생기고 우호적인 관계로 변화한다. 그 변화는 감정을 변화시키고 내가 잘되는 것이 곧 너도 잘되는 것이라는 공통된 정서를 만들어 준다. 공감대 형성은 서로 모두 긍정적인 결과를 가져 온다.

왜 그렇게 다가오는 것인지는 굳이 따지지 않는다. 도둑질한 자식을 숨겨주는 부모는 죄인 은닉죄가 성립되지 않는다. 오히려 당연하게 여겨지는 기존 도덕적 윤리관에 따른 것으로 본다. 사회사범이 절에 숨어들어도 내치지 않는 것 또한 같은 의미에서 일맥상통한다. 공감대 형성은 사회, 지역, 인간, 인종, 전세계 어느 곳에서도 이루어진다.

우리는 보이지 않는 그 힘을 이용하여 나의 생업에 도움을 받아야 한다. 학연이 되었든, 지연이 되었든, 무엇이든 간에 그 공통된 감정을 이끌어 내야하는 것이 중요하다. 그리고 그것을 잘 활용해 영업에 이익이 되도록 인간적으로 잘 이끌어 나가야 한다. 또한 신뢰라는 감정이 생길 수 있도록 자신감을 이용하여 보이지 않게 묶어나가는 일도 필요하다.

갈대와 같이 흔들리는 고객의 감정을 고정시키기 위해서라면, 때로는 강한 어조로 비판할 필요가 있다. 하지만 그것의 기본적인 자세는 올바른 길을 유도하려는 강조여야 하며, 잘못된 정보나 그릇된 방법을 사용하면 안 되는 것이다. 없는 것을 있다고 하면 사기고, 없는 걸 이해해 달라고 하면 공감인 것이다. 이렇듯 공감은 이해하는 상대방에게 우선권이 있다.

자동차를 누군가에게 팔아야겠다고 생각하고 글을 읽는 자에 겐 당장 책을 덮어두라고 권하고 싶다. 교묘히 배운 감정은 반드 시 들통나게 된다. 읽히는 것이다. '땡처리', '싸게 팔아요.'라고 큰 글씨로 써서 행인들에게 어필하는 것처럼 진솔함이 없으면 쉽게 속마음을 읽힌다.

우리는 감정을 이용한 판매를 권하는 자동차 판매시장에 종사 하고 있다. 이는 앞에서도 말했듯이 정보로 무장한 고객이라는 투사를 만나야 하고, 그런 투사를 공감이라는 공격으로 막아야 한다는 아이러니에 빠진 것이다.

감정을 이용하되 진심으로 배려하고 존경하며 공감대를 찾아 내야 한다. 그렇지 못한 공감대를 형성할 경우, 우리는 쉽게 쓰 고 버려지는 휴지만도 못하게 된다.

3. 일체감

결혼은 인류지대사라 하였다. 자동차도 그러하지 않겠는가? 최종적으로 어떠한 자동차를 구매하는지는 순수하게 고객의 의도이고 결정이다. 수많은 변수와 갈림길에서 눈앞에 있는 누군가와 계약이라는 최종 결정을 내린다는 것은, 결정을 내리는 자와 결정을 내릴 수 있도록 도움 주는 자 두 명이 서로 감추는 것 없이 앞으로 나아갔고 방향과 목적이 맞아떨어졌기 때문에 결정을 내릴 수 있었다는 것이다.

확고한 구매의사를 지닌 고객이 눈앞에 타고 싶은 자동차를 두고 망설이는 이유는 구매를 도와주는 자의 능력과 자질이 의심스러워 발길을 돌리는 것이며, 양자 간의 일치된 합의가 부족한 상태에서 계약이 이루어진다면 계약의 파기로 돌아올 가능성이 높기에 어떠한 사항이라도 반드시 구매자와 판매자의 일치된 합의가 중요하다.

또한 조율을 통하여 합의가 수시로 이루어져야 계약이라는 결과물을 얻을 수 있다. 고객이 선택하고 원하는 제품을 끝까지 고수하는지, 중간에 변동이 없는지를 신중히 확인할 필요가 있다. 본인의 결정에 번복이 없다는 것은 판매자와 구매자의 완전한 합의를 통해 통일된 의견으로, 상담이 잘 이루어졌음을 알려 주는 것이다. 즉 일체감으로 하나의 계약을 만들었다는 말인 것이다.

그렇지 않는 경우, 대화를 통하여 합의된 모델을 선정한다면 계약이 파기될 가능성이 낮아진다. 그렇기에 좋고 나쁨을 알려 주고, 싸고 비싸고를 이야기 하는 것보다는 편하게 말할 수 있는 분위기가 중요하다.

일체감이라는 일련의 감정은 직선 또는 연장선을 주제로 이야기 하고자 한다. 인간과 인간이 서로 간에 모르고 있는 사실을 서로 한 가지씩 말해주며 좀 더 진보적이고 합리적인 결과를 도출하고자 하는 방식으로, 고가의 차량을 후회 없이 구매하거나 구매를 도와 줄 수 있는 방법이 존재한다.

자신만의 방식과 철학, 그리고 경험이 존재하지 않고 토대가 마련되지 않았다면 자신감은 표출되지 않는다. 자신감 없는 설명은 누군가의 신뢰를 구축할 수 없을 뿐더러 가지고 있는 구매 의사를 없앨 수도 있기에 모든 신차 판매사원은 아는 것만이라도 자신감 있게 말하고 행동해야 한다. 그래야 신뢰가 구축되고 공감을 통하여 마음의 벽을 조금씩 허물 수 있다. 그 마음의 벽이 낮아지고 낮아져 이제 내가 건너갈 수 있을 정도의 높이라면 고객 또한 나에게 다가올 수 있는 높이가 되었다는 뜻이다. 서로 자유로이 다닐 수 있는 마음의 다리가 생겼다는 확신이 생겼다면 공통된 목적이 이루어질 수 있도록 의견을 주고 받는 일련의 과정이 필요하다. 그 과정이 체계적이고 과학적이며 효율성을 동반한다면 구매로 이어진다고 말할 수 있다.

고객 본인의 결정 없이는 번복이 수없이 이루어질 수 있기에, 좀 더 여유를 가지고 자동차 영업을 천천히 생각하며 받아들이는 편안한 사고가 필요하다.

4. 신차 판매사원

매출에 대한 압박도, 실적에 대한 부담도 모두 놓아두고 나 자신의 능력이 어느 정도인가를 가늠해야 한다. 시장은 이미 형성되어 있고, 그런 시장에 투입된 신차 판매사원들에게 나는 조언을 해줄 수 없다. 이 시장은 잘 파는 사람이 정의인 시장이다.

내가 못 팔았다면 나의 노력이 부족했다는 결론이 난다. 노력의 흔적이 적고 영업 활동량이 적었다고 낙인찍힌다. 실적을 중요시 하는 관리자의 시선에서 허우적거리지 말아야 한다. 누구도 이 자동차 판매시장에 우리를 떠밀지 않았다. 단지 밝은 미래를 꿈꾸며 스스로 이 자동차 판매시장을 뛰어 들었을 뿐이다. 고액의 연봉을 받는 자와 최저액의 연봉이 함께 존재하며, 월급이 전무한 경우도 있을 것이다. 자동차 판매시장은 진정한 고수도 스승도 없는, 오직 적자생존·약육강식의 세계로 존재한다.

하지만 이렇게 철저히 자본에 의해, 경쟁에 의해 비교되고 대우받는 우리 신차 판매사원들에게는 누구인지도 모르는 불특정 다수의 고객에게 일반인 이상의 좋은 인상과 인격, 그리고 차량에 대한 설명능력이 요구된다. 그것도 모자라 신차 판매사원들끼리도 경쟁한다. 다른 브랜드와 경쟁하는 것이 아니라 같은 브랜드끼리 경쟁하는 시대인 것이다.

고통의 연속이자 무한의 경쟁 속에서 실속 없는 하루하루를 사는 신차 판매사원들이다. 이는 부정할 수 없다. 어떠한 미사여구를 떠올려도 진정한 발전이 없는 노력과 노동으로 치부 받는 이 영업의 세계에서는 살아남는 자가 강한 자이다. 때문에 스스로 한계점을 책정해야 한다. 끝없이 가족의 희생을 요구하면서 이 차량 영업에 비전을 두고 시간을 낭비하면 안 된다. 밝음을 보았다면 어두움도 알아야 한다. 그래야 늪에서 벗어날 수 있다. 몸이 굳기 전에 빠져 나와야 하며 그 시기를 잘 감지해야 한다.

자유의지로 들어온 만큼, 자유의지로 빠져 나갈 수 있다는 것도 우리는 가슴속 깊이 새겨 두어야 한다. 자동차 판매업이 아닌 다른 직업을 해나가야 한다면 세상에 몸을 맡기고 도전해야 한다. 이런 자세가 필요하다고 본다. 본인의 매출이 없다고 누군가가 걱정해 주지 않는 곳이다. 더 잘하는 사람으로 교체하면 되는 것이며, 그것이 이 세계의 방침이다. 다만 그렇게 타이트하게 실행하지는 않는다. 그 강약의 차이만이 있다. 하지만 매출의 높고 낮음으로 사람이 평가 받는다.

그리고 자동차 판매시장은 경기가 좋을 때와 나쁠 때가 있다. 판매가 잘될 때는 별다른 문제가 되지 않지만 판매가 어려운 시기는 분명 찾아오고, 그 결과 개인적으로 실적이 떨어지게 되면 오롯이 판매사원의 노력부족이라는 지적을 받을 수 있다. 즉 시장이 어려운 상황에서도 개척을 통하여 실적을 올려내야만 하는 강압이 이루어질 수도 있다는 것이다.

그것을 판매사원의 숙명처럼 당연히 받아들이라는 오류를 접할 것이다. 메마른 가뭄 속에서는 절대로 숲이 울창해질 수 없다. 나를 비롯해 경험이 적은 영업사원들은 가뭄을 이겨내본 적이 없다. 왜냐하면 가뭄을 만나볼 기회가 없었으므로. 그런 가뭄이 왔을 때 대처하는 방법을 배운 적도 없으며, 이 상황을 노력하면 나아질 것이란 희망으로 버티기엔 작렬하는 태양과 기나긴 가뭄 때문에 많은 이들이 지쳐 쓰러지고 결국엔 그만둔다고 생각된다.

자동차 판매실적 또한 자연현상과 비교하는 것은 나뿐인가? 장마철에는 수없이 많은 비가 내리며 우산이 없으면 흠뻑 젖기 마련이다. 하지만 가뭄이 지속되면 힘들어진다. 자연의 이치이다. 시간이 지나면 다시 장마가 온다는 것을 우린 본능적으로 알기에 물을 아끼고 그늘에서 가뭄이 지나가기를 기다린다.

영업의 이치 또한 그러하다고 생각된다. 시장에서 브랜드에 대한 평가가 좋을 땐 노력하지 않아도 결과가 따라옴을 모두 느낄 수 있고, 시장의 평가가 나쁜 시기에는 노력과 상반되는 결과가 따라오는 것을 느낄 수 있다. 영업사원 개인의 홍보와 광고로는 절대 시장 전체에 흐르는 평가를 바꿀 수 없다.

자동차 제조사와 신차 판매사원은 큰 물고기의 작은 비늘로 비유할 수 있을 것이다. 물고기 자체가 멋지고 건강하다면 작은 비늘 역시 당연히 건강할 것이다. 하지만 멋지고 건강한 비늘들이 모여야 큰 물고기가 건강하고 멋진 건 아니다. 물고기 내부의 장기와 뼈, 근육, 평소의 식습관, 생활 습관이 좋아야 건강할 수 있는 것이지, 각각의 비늘이 건강하지 않기 때문에 물고기가 죽어가고 있다는 해석은 옳지 않다.

오래되거나 건강하지 않은 비늘은 떨어져 나가거나 새로운 비늘이 자라나면 그만이라는 생각은 나만 하는 생각이 아닐 것이다. 이는 전반적으로 신차 판매사원 또는 기존 영업사원을 대하는 자동차 제조사, 자동차 판매사의 고질적인 악습관이다

신차 판매사원이 하는 일은 정해져 있다. 그 정해진 일을 실행하는 양식이 다를 뿐이다. 노력해서 돈을 벌고자 함이고, 그 돈으로 가정을 유지하고 지금의 생활을 유지하려고 하는 것은 모두 같다. 단지 파는 자동차가 다를 뿐이고, 영업의 방식에서 차이가 있을 뿐이며, 기회의 차이나 노력의 차이, 결과의 차이가 있을 뿐이다. 사회적 기회, 사회적 분위기를 같이 이겨나가고 견뎌나가는 것이다.

나는 어느 물고기의 비늘 한 조각이지만, 내 나름대로 물고기가 앞으로 헤엄쳐 나가는데 분명히 일조를 하고 있다. 가뭄이 있어서 물고기도 힘들고 그 비늘인 우리도 말라가지만, 자연의 이치에 따라 가뭄의 끝에는 단비가 있을 것이라 믿고 있다.

나 또한 이 말라가는 자동차 판매시장에 반드시 단비가 내릴 것이라 믿고 있다.

5. 5장 서두

4장에서는 팔기 위한 마음가짐엔 무엇이 있는지를 생각했다. 알고 있는 것에 대한 자신감과 그것을 설명하는 것에 대한 자신감, 그리고 서로 간의 마음의 장벽을 허물 수 있는 공감도 필요하며, 그 공감이 서로 간의 담과 벽을 허물어 서로 이야기를 주고받을 수 있는 높이에 다다르면 대화를 통한 진보적이고 합리적인 구매로 가까워진다고 결론지어 본다.

그리고 5장의 서두가 될 만한 내용은 자동차 영업에서의 어려운 점과 전반적인 시장흐름에 따라 구매력이 높아지거나 낮아지는 현상에 대처할 수 있는 방법은 무엇이며 갖추어야 할 정신력을 피력해 보고자 한다. 자동차 영업을 직업으로 삼는 모든 사람의 고통과 좌절을 나는 간접적으로, 또 직접적으로 생각해야 하고 표현해야 한다고 생각한다. 그리고 밝은 미래만 보고 뛰어드는 사람들에게 가뭄과 늪이 있고, 그 늪을 파헤쳐 나오려면 체력과 시간을 낭비하지 않고 재빠른 판단력이 있어야 함을 충고하고 싶다.

물론 10년, 20년의 경험을 지닌 판매사원의 충고가 아닌 이제 막 발을 담근 1년 차 사원의 충고를 가볍게 들어도 상관없다. 어차피 1년 차이든 10년 차이든 느끼는 것은 별반 다르지 않다고 생각하기 때문이다. 오히려 이제 막 시작하는 분들에게는 나의 경험이 더 친숙하게 다가갈지도 모른다.

초심과 초심의 연결성이 일을 어떻게 변화시키고, 생활을 변화시키며, 영업을 변화시킨다는 주제가 다음 장에서 이어질 것이다. 가뭄을 이겨 내는 방법은 따로 없다. 이미 했던 일의 반복이며, 반드시 단비가 올 것이라고 믿어야 한다. 나는 이를 준비하는 자세로 하루를 살아가며 한계를 정해야 한다고 생각한다. 가족에게 미칠 경제적 부담을 생각하며 늪에서 벗어나기 위한 체력과 노력을 남겨야 한다는 것을 인지하고 하루를 보내야 한다는 것, 주어진 일이 누군가의 지시 때문이 아닌 스스로 내린 결정이라는 사실을 자부하며 일해야 한다는 것, 그 결정과 판단에 결과를 맡겨보는 것도 나쁘지 않다고 생각해야 한다는 것을 이야기하고 싶다.

5장에서는 인간다운 사고가 아닌, 한 사람의 자동차 판매사원으로서 영업으로 가는 길이 어떠하였는지에 대해 작문할 것이다. 내 글을 읽는 이로 하여금 실존하는 한 사람의 이야기를 다루는 것으로 좀 더 사실적으로 표현하고자 한다.

1. 이직

원하든 원치 않았든 다양한 직업을 경험했다. 비록 그 가짓수는 많지 않지만, 고등학교를 졸업할 무렵 손세차를 시작으로 다양한 직업을 전전했다. 돈을 벌어 유익하게 쓴 건 학비를 보탠 것 이외에는 없고 그저 소비했다고 생각된다. 서클 활동을 위한 단기 아르바이트가 학업을 유지하는 동안 해보았던 경제활동이다.

그 당시에는 얼마를 모아서 무엇인가 재창출하려는 의지도 목적도 없던 시기였기에, 이직이라는 주제와는 어울리지 않지만 경제활동의 근본을 곰곰이 적어나가면 지금 내가 벌어야 하는 돈이라는 것에 대해서 좀 더 이해 할 수 있을 것 같다.

입대 전 주유소 자동 세차장에서 얼마간 벌었던 돈으로 의미 있는 소비를 하진 않았지만, 실없이 입대시간을 기다리는 건 더욱더 힘들었던 것 같다. 그리고 입대와 전역 후 알바 형식으로 근무했던 유선방송 라인 설치일 등 뜨거운 태양 아래 박봉으로 일하면서도 단순한 돈을 벌기 위해 일하고 직업에 대한 진지한 고민을 하지 않던 시절. 그리고 번 돈을 의미 있게 사용하지 못하고 소비하던 시절. 그런 시절이다.

시간은 흐르는데 이직이라는 단어에 어울릴만한 직장은 없었다. 사촌형님의 소개로 유니온산업이라는 제대로 된 직장에 다녔지만, 아직 나에겐 회사에 대한 기대나 꿈, 이 회사에서 무엇을 이룰 것인지, 회사에서의 위치나 성취목적 등은 전혀 없는 상태였다. 기계를 구성하는 하나의 부품처럼 있어도, 없어도 되는 사람과 같이 근무하였다.

그런 자세로 근무해서는 상사로부터 책임감이 필요한 업무가 주어지지 않는다는 것을 알았지만, 그때도 미래에 대한 목적이 없기에 아무런 준비도 없이, 미련도 없이 회사를 그만두었다. 그 덕분에 비로소 '하고 싶은 것이 무엇일까. 무얼 하고 싶을까?'라는 고민을 하는 시간을 가져보려는 청년으로 돌아올 수 있었지만 나는 준비된 것이 없었다. 나의 부친께선 그런 아들을 떠밀 듯 전자회사에 입사시키려고 노고를 아끼지 않았다. 덕분에 나는 특유의 근성으로 회사에서 열심히 일하는 형 정도의 인정을 받은 것 같다. 대부분이 지방에서 올라온, 실업계 고등학교 졸업을 앞두고 현장실습 중인 학생들의 눈에는 그렇게 보일 만큼 형답게 일했다. 하지만 지금의 아내와 같이 퇴사를 함으로써 그 전 자회사와의 인연은 끝이 난다.

다시 한 번 아버지의 권유로, 거기다 결혼을 앞둔 상태였기에 가전제품 배달 일을 시작했다. 그 기간은 2년을 넘기지 않았지만 중도포기하거나 힘들다는 표현 없이 묵묵히 내 갈 길을 다져 갔다.

여기까지가 결혼 초반까지의 이직 현황이라 할 수 있다. 24살 이전까지 스스로 하고 싶은 직업을 가지지는 못했지만 헛되이 보낸 시간은 아니다. 빈둥거리며 살지 않았음에 스스로 만족했으며, 진정 찾고 싶은 길을 가기 전에 이미 가정을 꾸려야 하는 가장으로 우뚝 서야 했기에 하고 싶은 일을 찾는 것보다 할 수 있는 일을 해야 했다. 다행히 사촌의 도움으로 반도체 영업이라는 다소 생소한 분야에서 8년간 일했고 견문을 넓힐 기회도 얻게 되었다.

하지만 사업도 흥망성쇠가 있듯이 회사가 가라앉을 때 미련 없이 경력과 경험을 뒤로 한 채 세탁업으로 1년 이상 가장으로서 경제적 책임을 짊어져야 했으며, 동업의 6개월로 금전적 손실과 정신적 괴로움을 맛봐야 했다

성장그래프 중에서 하향 곡선을 힘차게 그리고 있을 때 절실하게 입사를 추진한 곳이 주야간업체 롯데 알미늄이라는 곳이었고, 고맙게도 입사를 해서 롯데계열사에서 미래를 생각하며 회

사를 다녔다. 하지만 공장의 생소한 프레스와 기계들은 적응하기 어려웠으며, 내가 할 수 있는 일에 적응해가며 그 회사에서 2년 이상 일해 한 가지 분야에서는 인정을 받는 사원이 되었지만 멀티플한 능력은 떨어졌기에 부상이 잦았다.

이직에 대한 갈망은 이때부터 싹트기 시작하였다. 단순한 알바에서 스스로 원하는 직업을 가지고 일하다가 이직에 대한 갈망을 가지기까지는 15년 이상의 시간이 걸린 것 같다.

영업이라는 계획을 가지고 구할 수 있는 직종이 그리 많지 않았다. 특히 한국에서는. 그리고 나이라는 제약까지 받는 시기라서 쉽게 이직 결정을 내리지도 못했다. 다른 길을 가려는 나의 맘을 가로막는 것은 가장이라는 책무였다. 덕분에 쉽게 퇴직을 결정하지 못하고 번복하며 시간과 싸움을 벌이며 고뇌했던 날들의 연속이었고, 간신히 용기를 내여 퇴직을 결정하고 15일정도의 시간과 마지막 싸움을 벌일 때쯤 불행이 찾아 왔다.

2016년 1월 18일. 집사람의 생일날, 나는 불행히 왼손 검지 한 마디를 잃었다. 그리고 그해 6월까지 치료와 사업계획으로 의미 없는 시간을 보냈다. 그러다 치료실에서 문득 아직 나의 면접은 끝나지 않았음을 떠올리고 신차 판매업에 몸을 담겠다고 다짐했다. 불편한 손가락이 방해 되지 않는다면 도전해보자라는 생각이 들었고, 오늘날까지 이 일을 직업으로 삼아 열심히 일하고 있다.

개인적인 이직은 여기까지인 것 같다. 스스로 결정한 입사부터 퇴사까지, 다소 두서없이 나의 이직 경험을 적어 보았는데 크게 중점적이거나 특이한 내용은 없다. 장기간 근속한 곳이 영업이었고, 제품의 종류가 다를 뿐 기본적인 것은 매한가지라고 생각되었기에 '자동차 영업도 나에게 익숙한 도전이 아닐까?'라는 막연한 생각으로 입문했다고 밖에 생각되지 않는다.

사회에 나오자마자 나는 자동차 영업을 내 일로 삼을 것이고 이곳에서 꿈을 펼쳐보리라는 생각을 가진 분들이 몇이나 될까? 그리고 그런 분들 중에서 영업의 정점까지 올라갔고 나름 성공했다고 말할 수 있는 분들이 몇이나 될까? 각자 모종의 이유가 있어서, 어떤 계기로 인해 입문한 분들이 더 많지 않을까? 자동차 영업에 일가견이 있고 나름 성공한 분들이 나를 평가하신다면 '한참은 더 배우고 익혀야 할 단계에 생각이 많구나.'라고 지적할 수도 있을 것이다.

계속해서 자동차 영업에서의 어려운 점과 전반적 시장의 흐름에 따라 구매력이 높아지거나 낮아지는 현상에 대처할 수 있는 방법은 무엇이며 갖추어야 할 정신력을 피력해 보고자 한다. 자동차 영업을 직업으로 삼는 모든 사람의 고통과 좌절을 나는 간접적으로, 또 직접적으로 생각해야 하고 표현해야 한다고 생각한다.

초심과 초심의 연결성이 일을 어떻게 변화시키고, 생활을 변화시키며, 영업을 변화시킨다는 주제가 다음 장에서 이어질 것이다

2. 영업

반도체 영업은 말 그대로 반도체의 성질과 특정 제조사의 안전성을 가지고 영업하는 방식이며, 일개 개인인 영업사원의 역량보다는 대표의 인맥과 특정 제조업체와의 관계로 끈끈하게 맺어진 카르텔에 의해 매출의 급증과 급락을 반복하는 곳이라고 생각한다.

그래서 영업이라는 업종이 다들 비슷하고 공통된 점이 많을 거라고 생각했다. 하지만 자동차 영업은 지금 판단한다면 영업이라고 정의하기엔 다소 부족한 점이 있다.

영업은 무엇일까? "Business - 일정한 영리의 목적으로 제공된 재산의 총체 또는 총괄적인 재산적 조직체"라고 사전에서는 정의하고 있다. 간단히 나는 타인의 피해를 주지 않는 범위에서의 돈을 벌기 위한 모든 행위라고 생각한다.

자동차 영업은 자동차를 가지고 내가 돈을 벌기 위한 행위로, 차를 많이 파는 행위이기도 하다. 자동차를 판매하는 사람들은 기본적인 영업에 대한 사고방식을 배제한 채 차량 판매행위를 시작한다. 각자 선택한 자동차 제조사로부터 받은 체계적이고 주입식의 교육을 받고 차량판매에 돌입한다. 차량을 잘 팔지 못하면 현재의 영업방식이 잘못되었다고 질타를 받거나 노력이 부족하다는 질책을 받고 수많은 고뇌를 반복하고 있을 것이다. 정말 노력이 부족해서 차가 안 팔리는 것인가? 지금 나의 영업방식이 잘못된 방향인 것인가? 끊임없는 자책과 판매에 대한 부담감으로 자동차 판매라는 일을 그만두는 사람들이 적지 않다.

과연 그만두는 사람들이 의지와 끈기가 모자라서, 실력이 부족해서 자동차를 못 파는 것인가를 생각해 봐야 한다. 살아남은 사람들은 과연 실력이 뛰어나서 지금까지 영업행위를 해오고 있는 것인가도 생각해 봐야 한다.

자동차 영업이라는 것은 출발선상이 다른 백 미터 달리기나 마찬가지다. 이제 새로 시작하는 자동차 영업사원은 출발선상에서 준비 자세를 취하고 있지만, 이미 자동차 영업에 뛰어든 1년 차는 10미터 앞에, 2년 차는 20미터 앞에 있다. 그들에게는 자동차 영업이라는 행위에 쏟은 시간이라는 가공할 만한 어드밴티지가 있는 것이다.

이런 어드밴티지를 깰 수 있는 방법은 오로지 자신을 최대한 단기간에 널리 알리는 방법뿐이다. 자신을 널리 알리는 것이야말로 자동차 영업에 있어서 출발선상의 거리를 줄이는 첫 번째 팁(tip)이 될 수 있다. 그 다양한 방법은 스스로 찾아야 하며 끊임없이 노력해야 한다. 자동차 영업시장은 경력과 노하우도 중요하지만, 그렇다고 후발주자가 선발주자를 추월하지 말라는 법도 없다. 그렇기 때문에 살아남는 신입이 생기는 것이다.

공무원과 같이 직급체계로 이어진다면 공채로 판매사원을 뽑아야 할 것이고, 개개인의 능력을 중요시하기보다는 조직의 체계를 중요시하는 판매문화가 정착될 것이다. 당연히 자동차 제조사 및 판매사에서는 이런 문화를 환영하지 않는다. 자동차를 타 경쟁사보다 많이 판매하려면 무한경쟁을 통해 극한의 판매경쟁과 실적위주 문화를 지향해야 하고, 대량의 판매병사를 키워내는 현재와 같은 신입사원 모집의 형태를 지녀야만 한다.

현실에 안주하면 바로 뒤처지게 된다는 것이 국내 자동차 판매영업사원들이 가장 먼저 알고 있어야 하는 처절하고도 무서운 진실이다. 그렇기 때문에 현재와 같이 비인간적인 직장문화가 형성된다고 생각된다. 본인이 근무하는 제조사의 판매상으로 있으면서 온갖 충성과 직무적인 재량을 요구받고, 최종적으로 자동차 판매의 도구로 전락되는 경우이다.

경력의 보장도 복지혜택도 제공되지 않는, 오로지 한 달을 사는 사람들이다. 그런 사람들이 국내 자동차 판매를 담당하고 있는 사람들이다. 4대 보험도 제한되며 각종 은행권에서의 대출도 제한된다. 당장 이번 달의 매출실적이 좋아도 결국 한 달 동안 일을 많이 한 일용직과 다름없는 것이다.

자동차 영업은 시간을 정해두고 해야 한다고 믿고 있다. 자신이 도전한 분야에서 3개월 이내에 원하는 실적이 나오지 않는다면 지금까지의 노력을 두 배로 투자하여 다음 3개월 동안 도전해 보고, 그래도 실적이 시원치 않다면 괜한 시간을 낭비하지 말고 그만두어야 한다.

그만두어야 할 시기를 빨리 알아야 된다. 그렇지 않으면 정말 시간을 낭비하게 된다. 그리고 실적이 안 나오는 시기를 정확히 파악해야 다가올 시간 낭비를 미연에 방지 할 수 있다. 사람은 도구로 사용되면 안 되는 것이다. 내가 이곳을 벗어나 새로운 무엇인가를 잘 해낼 수 있다고 믿어야 한다. 그래야 도구로 사용되지 않는다.

냉철하게 스스로가 자동차 판매를 위한 도구인지 아닌지를 분별해야 한다. 빠져 나가야 할 때를 알아채지 못하고 자동차 판매를 위해 무한한 노력을 바치고 있다면 이미 도구로 사용되고 있는 것이다. 본인만 모르고 있을 뿐이다. 이렇게 되면 결국 제조사와 판매를 담당하는 곳에 이익을 제공해 주는 일개미로 전락한 것이나 마찬가지인 것이다.

2018/1/27

3. 초심

초심은 처음 가졌던 마음가짐이다. 자동차 영업에 입문하면서 모두들 가졌던 초심은 한가지일 것이다. "잘 적응해서 차를 많이 팔아 돈을 많이 벌어보자."라는 생각. 그건 직장을 구했다는 것이 아니라, 남들과 경쟁을 해서 나의 노력으로 결과물을 가져와야 한다는 뜻이다. 신입일 때는 어떤 영업을 해야 할지, 어떻게 차를 팔아야 하고, 어떤 식으로 차를 소개하고, 어떻게 상담을 해야 하고, 금융 쪽은 어떻게 처리해야 하는지 정말로 신경 써야 할 것이 많다.

이런 업무적인 일은 오직 경험으로 채워 나가야 한다. 경험이 쌓이게 되면 일이 쉬워지듯이, 자동차 영업에 있어서 무시 못 할 것 중 하나가 바로 경력과 경험이다. 인맥과 경험, 그리고 그 바탕에 쌓아올린 신뢰가 매우 중요하다.

좋은 나무가 되려면 기름진 토양에서 키워야 하고, 그렇게 키운 나무에 당연히 질 좋은 과실이 열리는 것처럼 자신의 신뢰도를 쌓으면 고객창출이라는 결과물이 발생하게 된다. 이러한 일련의 과정을 영업이라 부른다. 영업은 크게 단기적 영업과 장기적 영업으로 분류되는데 단기적 영업은 광고를 통하여 이루어지지만, 장기적 영업을 이루는 기본 바탕은 영업사원 자신이다. 자기자신이 바로 무기인 것이다. 나 스스로가 뛰어난 사람이고, 정직하고, 나를 믿는 사람들을 위해 헌신과 열정으로 업무에 임하는 것이다.

물론 그런 믿음이 때로는 나에게 손해를 입히는 경우도 있다. 부족한 경험에 의한 마찰이 발생했을 경우 책임 소재를 따져 묻고 이해타산을 밝히는 것도 중요하지만, 결국 마찰이 생기는 근본적인 원인에 자유롭지 못하다면 차라리 이익을 버리고 신뢰를 얻는 것이 중요하다.

단기적인 측면에서는 손해가 발생하더라도 큰 의미를 두지 않고, 차량 계약업무를 진행할 때 발생하는 수많은 변수 중에 하나라고 생각하면서 다음에 비슷한 경우가 생길 경우 실수를 반복하지 않으면 된다.

경험이 쌓이게 되면 자연스레 차량판매·출고·서류·금융업무 등에 소홀해 지는 경우가 발생한다. 그리고 대형 사고는 이럴 때 터진다. 경험해봤고 이상이 없겠다고 확신하는 그 순간부터 대형 사고의 발판이 마련되는 것이다. 때문에 늘 사소한 것이라도 놓치지 않도록 검증하고 검토하면서 업무를 해나가는 습관을 가지도록 노력해야 한다. 이 글을 쓰는 본인도 실수를 반복하는 보통 사람이다. 새로 시작하는 업무 앞에서는 10년 차와 1년 차 같은 경력이 아무런 의미가 없다. 오직 새로운 것을 먼저 배우고 터득한 이가 우위에 있을 수 있다. 그렇기 때문에 기존업무는 검증과 검토를 통하여 실수를 미연에 방지하고 새로운 업무가 있을 때에는 먼저 경험하여 다가올 변화된 업무를 준비하는 자세를 취해야 한다.

내가 생각하는 초심이라는 것은 부끄러움을 떨쳐버리는 것이다. 직업에는 귀천이 없다고 하지만 난생처음 하는 일에서 부끄러움과 망설임을 느끼는 건 당연하다. 하지만 그것을 떨쳐 내야 한다. 그것이 어떠한 영업방법이 되었든 나 자신을 알리기 위한 모든 행위는 '발가 벗은 상태로 세상에 던져져 웃음거리가 되지는 않을까?' 하는 망설임과 부끄러움을 떨쳐 내는 것이다.

초심이 이어진다면 앞으로 새로운 영업방법과 새로운 사람들을 대하는 것도 망설이거나 부끄러워 하지 않고 한발 앞으로 나아가는 사람이 된다. '이보다 더한 것도 경험해본 내가 무엇이 더 부끄럽고 무엇을 망설이랴?' 하는 마음을 지켜내야 한다. 또한 초심을 상기하는데 그치지 않고 초심을 극복하여 더 망설일 수밖에 없는 일과 부끄러움에 대항할 힘을 키우는 것이 중요하다.

실제로 경험한 자와 경험 없이 초심을 이야기 하는 수많은 사람들이 있다. 당신의 초심은 무엇이고, 초심으로 돌아가서 열심히 일해 보라는 의미는 무엇인가? 스스로가 정한 초심이 의미가 없게 되어 버리면 결국 신입 때 했던 수많은 단기 영업행위를 해야 한다는 것이 초심이 되어 버린다. 그런 광고행위는 단지 광고행위를 하는 고단함을 다시 이겨내고 매출을 증대해 보자는 의미만 있을 뿐, 변화하는 시장에는 적응하지 못한 행동이라고 생각된다.

그러한 행위가 필요 없다고 말하는 것이 아니다. 스스로 변하지 않는 마음가짐을 가져야 한다는 것이다. 그리고 그 마음가짐은 다양한 방법을 가져오는데, 좀 더 어려운 일이라도 도전할 수 있는 진취적인 인간이 되어야 한다는 게 나의 생각이다.

4. 6장의 서두

자동차 판매직으로 입문하기 전까지의 회사생활과 개인적으로 자동차 영업을 하면서 얻은 경험을 바탕으로 이것저것 적어 보았다. 그 누구나 수많은 사연과 이야기가 있다. 사회 초년생부터 자동차 영업의 길을 걸어온 분들도 계시고, 타 업종에 계시다 새 출발을 원하여 시작하신 분들, 다른 자동차 회사에 근무하시다가 퇴사를 하시고 시작하신 분들, 자동차가 좋아서 하시는 분들, 주변의 권유로 시작하신 분들, 정비계통에서 근무를 하시다가 시작하신 분들, 남성분들뿐만 아니라 여성분들까지도, 모두들 이전에 하던 일을 그만두고 시작하기 때문에 차량 영업을 하기 전에 다양한 직장을 경험하고 오는 것 같다.

나도 이직 후 차량 영업을 시작했기에, 영업이라는 다소 개인적인 생각을 펼치기 전에 내가 어떤 일을 했고 어떻게 회사에 임했는지를 알려야 했다. 특별하지도 않고 뛰어나지도 않은 삶을 살면서 내가 느껴왔던 그 무엇이 누군가에게 큰 도움은 안 되더라도 공감을 통하여 미약하게나마 힘이 되어 준다는 생각에 이 고된 작업을 진행할 힘을 얻었다. 그래서 이직이라는, 다소 이질감 있는 주제로 5장을 풀어 갔다.

영업과 초심을 이야기하는 것에 경력과 경험의 많고 적음이 그 무슨 의미가 있는가? 이 일은 나 스스로와의 싸움이고 도전일 뿐이며, 나는 이렇다고 말했을 뿐이다.

판매왕이라는 말은 참 어처구니없는 발상이라고 생각한다. 파는 것에 뛰어나서 왕이 된다는 건 도대체 무슨 말인가? 내 동료의 차량까지 뺏어 팔아서 왕이 된다면 무슨 소용인가? 결국 서로 뺏고 뺏는 상황으로 몰고 가는 이 왜곡된 시장을 어떻게 쳐다봐야 할지 난감하다. 글 초반에 언급한 것처럼 자동차 제조사와 판매사는 차량을 판매하는 딜러, 또는 신차 판매사원의 윤리 따위는 신경 쓰지 않는다. 표면적으로 정도 영업과 공정거래를 표방하지만, 실제로는 그렇지 않다는 것이다. 매년, 매월, 매일 매출이 증대한다면 누가, 어느 회사가 피해를 입든 상관없다는 것이다.

자동차 시장과 판매시장, 즉 생산자의 시장은 완전경쟁에 따른 자본주의 원리를 바탕으로 굴러간다. 때문에 기업의 이윤을 최대한 추구하는 영업방침 아래에 이루어지는 판매전략 구상을 하며, 판매사원을 키워내고, 판매 전략을 구사한다고 생각한다. 실적을 최우선하며 실리를 추구함에 있어서 자동차판매 시장과 견줄 수 있는 곳이 있을지 의문스럽다.

하지만 실제 자동차 구매자는 기업과 달리 인간적이고 인문적인 성격을 지향한다. 좀 더 친절하고 상냥하며 예의바르고 도덕적인 인물과 만나면 본인에게 손해가 생기는 결정이 되더라도 그 인물을 배려해 주는 소비자들도 있다. 오직 자신의 이익을 위해

남이 죽든 살든 신경 쓰지 않는 사람들도 있는 반면, 순수하고 착한 사람들도 많다.

자신의 이익을 추구하는 것이 나쁜 것은 아니다. 남들이 그렇게 서비스를 받았으니 나도 받으면 좋겠다는 것이 사회통념에 반대되는 주장은 아닌 것이다. 그런데 기업의 이익추구와 판매증대 사이엔 신차 판매사원이 있는 것이다. 현재 기업들은 높아진 고객들의 눈높이를 맞추기 위하여 할 수 있는 개선 방법을 알고 있다. 블랙박스 기능과 내비게이션 기능, 틴팅 기능을 갖춘 유리 등 고객의 눈높이를 맞추기 위해 투자가 되어야 할 부분이지만 당장 가져올 이익에 전혀 도움이 되지 않기 때문에 개선하지 않는 것이다.

앞서 기업의 이익증대와 판매증대 사이에 딜러, 또는 신차 판매사원이 있다고 했다. 판매증대를 위해서는 고객의 눈높이를 맞추어야 하는데, 그 눈높이에는 용품과 서비스라는 척도가 있다. 자동차 판매사는 신차 판매사원에게 일정의 수수료를 주는 것으로 고객의 눈높이를 맞추는 일은 결국 신차 판매사원에게 넘어왔다. 그리고 그 눈높이를 맞추기 위한 업무 및 협상이 곧 차량의 판매여부를 결정짓는다는 사실이 차량판매를 하는 모든 분들이 느끼는 괴리이다.

제 살 깎아먹는 영업전술 전략은 제조사와 판매사가 개선 사항을 방관하기에 이루어지는 것이다. 이 때문에 판매의 왕은 추앙받지만 반대로 팔고도 밑지는 현상이 동시에 발생하고 있다. 차량 판매라는 한 가지 일을 가지고 이렇게 극명히 대조되는 현상이 동시에 발생하고 있다. 이 사실이 알려주는 건 판매정책과 판매윤리가 올바르지 않다는 것이다.

6장의 서두에는 현실을 직시하는 모습을 담고 싶다. 제조사와 판매사가 알려주는 잘 파는 법, 판매왕이 되는 법을 강조하는 것이 아니라, 남기는 장사를 해야 된다는 것을 알려 주고 싶다.

이 고된 작업은 나를 위해서 하는 것이다. 이 업종에 입문한 나를 위해서. 과거로 돌아갈 수 있다면, 이제 막 영업을 시작한 나에게 진심어린 충고를 해주고 혜안을 만들어줄 수 있는 조언을 하기 위하여 만들어가는 글인 것이다. 그래야 어렵고 힘들었던 지난 시간의 의미를 찾을 수 있을 것 같다.

2018/1/29

1. 장사

　장사는 곧 이윤을 남기는 일이다. 세상에 수많은 업종 중에서도 자본이 투입이 되어야 하는 업종이 바로 장사이다. 장사를 할 때에는 정상적인 매출이 발생하고 최종적으로 차익을 남겨야만 살아남을 수 있다.

　자동차 영업도 장사에 속한다. 매입과 매출을 일으키는 점은 장사와 같다. 다만 신차 판매사원은 매출을 담당하고 그 차익을 나누게 된다. 자동차 제조사별로 차익을 나누는 퍼센티지가 약간씩 다를 뿐, 근본은 다를 게 없다. 일으킨 매출 중에서 일정

수준의 금액을 가져가는 것은 동일하다.

자동차 판매를 장사의 개념으로 파고든다면 여러 가지 생각을 할 수 있다. 장점과 단점, 그리고 다른 장사에 비해 어떤 것이 유리하고 불리한지도 알 수 있다.

맛집을 떠올려 보자. 지역에 맛있는 맛집이 있다. 그 맛집은 특별한 소스 제작 기술을 갖추고 있기에 고객은 항상 그 맛집을 갈 수밖에 없는 그런 조건이라면 판매자 우위의 시장에서 장사를 하고 있는 것이다. 이럴 경우 경쟁사가 있다해도 살아남을 가능성은 충분히 존재한다.

하지만 자동차는 맛집이 아니다. 새로운 차량이 탄생하고 소멸하는, 어제와 오늘이 같다고 할 수 없는 늘 새로운 시장이다. 그렇기에 현실에 안주하면 뒤처지며, 과거에 집착할 필요도 없는 시장이다. 지난달의 판매조건과 이번달의 판매조건이 변하고, 수익체계가 변화하고, 차종의 세일과 재고할인, 재고유무가 수시로 바뀌는 상황에서 고객들을 이해시키고 설득하는 일을 담당하는 것이 바로 딜러, 신차 판매사원들이다. 이들은 매번 바뀌는 메뉴를 손에 쥐고 소개해야 하는 업무를 하고 있는 것이다.

그리고 필요한 용품의 가격과 내가 받을 수익을 순간적으로 비교하여 이익이 되는지 손해가 되는지 봉사판매가 되는지 판단해야 한다. 한 달에 5~6대의 차량을 판매한다고 하면, 이중에는 이익과 손해, 봉사판매가 섞여 있기 마련이다. 그래서 장사의 개념으로 차량을 판다면 항상 이익을 남기는 것을 지향해야겠지만 실제로는 그렇지 않은 경우가 발생한다. 사람과 사람이 만나서 마음의 벽을 허물고 서로 간에 신뢰를 쌓아야하는 것이 차량구매 문제이다. 때문에 자동차 판매시장에는 이익만을 추구할 수가 없다. 즉 내가 손해를 보더라도 잘해주고 싶은 고객이 있고, 이익이 많이 남더라도 판매해서는 안 되는 경우도 종종 발생한다.

현재 자동차 영업을 하고 있는 사람으로서 자세히 설명을 한다면, 내 경우에는 몇 가지 원칙을 가지고 일을 진행한다. 국가 관련 봉사를 하는 분들에게는 되도록이면 저렴하게 구매할 수 있도록 하고, 신혼가정을 꾸민 신혼부부와 차량이 꼭 필요하며 절실한 분들에게는 최소의 이익을 내거나 봉사판매로 진행하는 것이다. 이럴 때는 계약을 마쳤을 때 후회가 없다. 오늘 고객에게 지는 판매를 했다면 내일은 이기는 판매로 돌아온다는 것을 알기 때문이다.

한 번 찾아온 손님이 두 번 찾는 손님이 될 수 있고 최종적으로 지속가능한 손님이 될 수 있기에, 나는 이익보다는 고객을 얻는 장사를 해야 한다고 믿고 있다.

2. 수익관리

　나의 경우에는 자동차 판매사로부터 일정기간 지원금을 받았고, 그 기간 내에 최대한 영업실적을 일으켜야 가정을 꾸리는 사람으로서 생활을 해나갈 수 있었다. 이 기간이 가장 힘들고 어려운 시기였다고 생각한다. 이직 후 어떠한 결과를 낼 수 없었던 기간이었기 때문에, 한 가정의 가장으로서 깜깜한 앞길을 바라보는 심정은 이루 말할 수 없을 정도로 답답했다. 조급했고, 무엇보다 첫 판매에 대한 갈증이 심했다고 말할 수 있다. 가정이 없는 사람을 보며 부러워할 때가 있었지만, 책임질 가족이 있다는 부담감이 오히려 힘을 주는 원동력이 된다는 것도 이때쯤 알게 되었다.

　누구나 힘든 적응기간을 지나고 나면 판매수익이 발생된다. 1월부터 12월까지 차량이 잘 팔리는 달이 있으면 차가 잘 안 팔리는 달도 있기 마련이다. 그렇기 때문에 수익관리는 반드시 필요하다. 평균적인 수익을 점진적으로 늘려가는 방법이 가정을 꾸려가는 가장으로서 가장 필요로 했기 때문에, 판매수익이 많은 달에는 일정 금액을 비축하여 판매수익이 적은 달을 대비해 남겨둬야 된다.

　앞으로 더 잘될지 더 안될지 가늠할 수 없는 이 자동차 판매

시장에서 살아남으려면, 최대한 부채를 늘리지 않고 이익이 발생하면 반드시 이익이 나지 않을 경우를 대비하는 식으로 자금을 관리해야 안정적으로 영업, 판매 활동을 유지할 수 있다. 이 일을 시작하는 모든 분들이 이 점을 간과하지 않았으면 한다. 목돈이 들어올 경우, 이 자금을 불필요한 곳에 사용한다면 얼마 지나지 않아서 금전적으로 어려운 경우가 닥치게 된다는 점을 명심하기 바란다.

또한 수익에 대한 자금관리가 중요한 만큼 지출에 대한 자금관리 역시 매우 중요하다. 예를 들어 자동차 판매를 할 때 공통적으로 발생되는 지출은 용품비용을 지급하거나 등록비용을 지급하는 것인데, 입사초기에는 지출이 생길 때마다 바로바로 지급하게 되지만 어느 정도 신용관계가 쌓이게 되면 월말 결제나 익월 결제 방식으로 자연스럽게 바뀌게 된다.

이렇게 바로바로 지급해 결제하는 방식에서 월말이나 익월 결제로 바뀌는 시점에 단기간 자금이 생기게 되는데, 이 자금을 다른 곳에 사용하여 소진한다면 앞으로 영업과 판매를 할 때 어려운 시기를 맞이하게 된다. 만약 어려운 시기와 맞물려 용품비와 등록비를 결제해야 하는 시기가 찾아온다면 매우 심각한 상황이라 할 수 있다. 중형 차량 5대를 등록할 때 세금 및 부대비용 부채금액은 대략 1천만 원 이하이고, 개인마다 다르겠지만 만만치 않는 용품비용이 부채로 남게 된다. 만약 여유 자금을 소진한다면 이럴 때 자금을 단기간 끌어올 수단이 없게 된다. 그러니 항상 부채에 신경을 쓰면서 차량을 판매해야 한다.

이 업종에서는 각종 결제대금 미결제로 소송까지 진행되는 경우를 종종 본다. 그리고 그 피해는 고스란히 영업사원에게, 그리고 회사에게, 최종적으로 고객에게 미치기 마련이다. 판매왕을 키우는 자동차 판매시장에서 간과하고 있는 부분이 바로 이런 부분으로, 자금 관리부분에 좀 더 체계적인 교육과 책임의무를 교육시켜야 한다고 생각한다. 고객의 자금을 등록에 사용하지 않고 개인적인 용도로 사용한 후 월말에 대금을 결제하지 않고 자포자기 해버린다면 회사이미지는 물론이고 남아 있는 영업사원의 이미지를 크게 실추시키게 된다. 또한 자동차 판매인들에 대한 이미지까지 손상시키는 문제가 발생하며 이는 결국 열심히 일하는 다른 판매사원들에게까지 영향을 미치므로, 이 문제는 개인의 문제가 아니라 자동차 업계 전체의 문제로 다뤄야 하는 문제라 본다.

하지만 지금은 문제가 발생하면 영업사원 개인의 문제로 치부해 버린다. 자동차 제조사와 판매사는 책임을 지지 않는다. 이점을 유념하고 반드시 명심해야 한다. 자동차 판매왕이 되고 나서 결국 소송의 대상으로 전락하는 경우가 적지 않다는 걸 자동차 신입교육에서는 알려 주지 않는다. 오직 잘 파는 법만 알려주고 자금을 잘못 관리했을 경우 닥쳐올 엄청난 피해는 교육하지 않는 점이 매우 유감스럽다.

차량의 판매 증대가 중요한 만큼 지출관리 또한 중요하다는 것으로 수입관리를 설명해 보았다. 실제로 이 시장에 발을 들여 놓고 있는 분들이 하시는 말이 있다.

"앞에서 벌고 뒤에서 까진다."

이 말을 잘 기억해주기를 바란다.

3. 수익의 종류

자동차라는 것은 지금 우리가 살고 있는 시대를 반영하는 산 유물이다. 사업의 종류도 다양하고 관련된 산업도 손으로 꼽을 수 없을 만큼 많다. 국내 자동차 산업을 예로 들자면 한 국가의 산업 전반적인 부분을 자동차가 담당하고 있다고 볼 수 있다. 자동차에 사용되는 부품 산업은 나열하기 어려울 만큼 그 가짓수 와 종류도 많을뿐더러 국내 산업계에 막대한 영향을 미치고 있고, 자동차 산업이 한 국가의 경쟁력과 기술의 척도가 되기도 한다.

자동차 산업은 선진국이 이끌고 중진국과 후진국이 그 뒤를 따라오는 기술집약적 산업이 분명하다. 국가의 중요한 산업의 일 부분이기도 하고, 자동차로 인해 발생하는 2차 서비스 산업의 규모도 만만치 않다. 이처럼 파생되는 사업이 무궁무진 하며 새 로운 사업이 발생하고 소멸하는 일이 끊임없이 이루어지는, 아직 까지는 영속적인 사업 아이템이라 할 수 있다.

이제 자동차 판매업에서 수익의 종류에는 어떤 것이 있는지 개 인적인 경험을 토대로 적어보고자 한다. 내가 아닌 다른 분들이 가지고 있는 수익 내용도 있고 공통적인 수익 내용도 있지만, 여 기서 중요한 포인트는 다른 누구에게도 없는 나만의 수익창출 모델을 가지고 있어야 한다는 것이다. 그런 사람이 뛰어난 판매사원이란 건 분명하다.

첫 번째, 순수하게 자동차 판매에서 들어오는 수익으로 각 차종마다 수익 지수가 있기 마련이다. 수입차를 제외하고 국내 차종은 경차와 소형차, 중형차와 대형차, 소형suv와 대형suv 등 그 가짓수가 천차만별이고 차량금액 또한 다양하다. 고가의 차량을 판매하면 당연히 수익이 그만큼 높고, 저가의 차량을 판매할 경우 고가의 차량보다는 적은 수익이 발생하게 된다. 그리고 차량 제조사로부터 받은 수익의 일부를 판매사 대표와 일정비율로 나눠 판매 이익을 할당 받는다.

이점에서 우선 짚고 넘어가야 할 부분이 있다. 우선 저자는 다양한 차량 제조사를 경험하진 않았지만 대부분의 국내 차량 판매사들은 딜러, 신차 판매사원에게 판매 매출 이익을 나누는 구조를 가지고 있다. 예외적인 경우로는 수익 배분 대신 급여를 받으며 일하는 딜러 및 신차 판매사원들이다. 하지만 앞으로는 급여를 받으며 근무하는 딜러 및 신차 판매사원은 점진적으로 줄어들 것으로 예상된다.

자동차 판매에서 발생한 수익의 일부를 판매점과 나눈다는 사실을 알고 시작한다면, 본인이 가지고 있는 역량을 어떻게 발휘해야 좀 더 본인에게 이익이 되는지 곰곰이 생각해볼 수 있을 것이다. 분할되는 이익이 지금은 쉽게 변경되지 않을 것 같다면 분할되지 않는 이익으로 수익을 보완해야 한다.

예를 들어 고객이 일시금으로 차량대금을 지급한다면 최대의 이익은 자동차 회사가 누리게 되지만, 카드사를 연계하는 방법으로 캐시백을 사용한다면 고객도 이익을 챙길 수 있고 딜러 및 신차 판매사원도 일정의 이익을 받을 수 있다.

내가 말하고자 하는 핵심은, 나눠야만 하는 수익은 어쩔 수 없지만 나누지 않아도 되는 추가 이익을 더 발생시키는 판매조건이 고객의 입장에서도 손해가 발생하지 않고 자신에게도 이익이 된다면 서류 및 업무절차가 늘어난다고 해도 진행해야 한다는 것이다. 한 건으로는 큰 이익으로 다가오지 않겠지만 그 횟수가 늘어나면 무시하지 못할 만큼의 수익이 보장된다.

거기에 자동차를 판매할 때 보험에 가입하는 절차를 마쳐야만 신차를 등록할 수 있기 때문에, 자동차 판매 시 본인에게 이익이 되는 보험가입을 권유하면 일정의 수수료를 얻을 수 있다. 이런 업무 또한 직접 경험이 없는 경우엔 주변 딜러 및 경험 있는 신차 판매사원의 도움을 받아 익혀둔다면 추가의 수익을 누릴 수 있다.

두 번째, 분할되는 판매이익 이외의 추가이익이 있다. 나열해보자면 윗글에서 언급한 것과 같이 카드 사나 연계된 캐피탈 사를 통한 수수료 발생부분, 캐피탈을 이용하면서 발생하는 수수료, 신차 등록 시 차량보험가입을 권유하면서 발생하는 수수료가 있다고 말할 수 있다.

모든 딜러 및 신차 판매사원은 이런 분할되지 않는 이익에 관심을 가져야 한다. 그래야 실제 차량이 판매될 때 나오는 수익이 적을 지라도, 신차에서 파생되는 새로운 수익원을 찾아서 가정에 도움을 줄 수 있다. 그리고 이 점은 매우 큰 수익 가능성으로 다가설 수 있다. 차량 판매에만 집중했을 뿐인데 차량보험가입에서도 수익이 발생하고 할부를 신청하는 과정에서 수익이 발생한다는 건 분명한 장점이다.

세 번째, 중고차 거래에서의 이익과 폐차 시에 발생하는 이익이 있다. 이는 부수입으로 생각할 수 있다. 고객들 중에는 중고차를 처리해야 하는 경우가 있기 마련이며, 기존차량을 폐차 처리하는 업무를 진행해야 하는 경우가 있다. 그래서 부수입이라고 할 수 있다. 중고차 거래에서 판매수익과 맞먹는 금액을 남기는 딜러 및 신차 판매사원이 종종 있지만, 그건 어디까지나 부수입이라고 생각하고 주 수입원이 되는 신규 차량 판매에 집중해야 할 것이다.

대표적인 수익 종류를 나열하고 그에 대한 기본적인 설명을 했으니 수익 종류라는 주제를 마무리 하고자 한다. 자동차 판매업을 새로 시작하는 모든 분들이 가장 궁금해 하는 부분 중 하나가 바로 이 수익에 대한 것일 것이다. 수익이 어떤 식으로 발생하고, 수익의 종류는 얼마나 되는가? 이것을 중요하게 생각할 수 있다. 하지만 앞서 언급한 바와 같이 자동차 판매 시 파생하는 사업은 새로운 것이 생기고 기존의 것이 소멸되기도 하는 등 변화무쌍 하다. 때문에 본인 스스로 노력해 다른 이에게는 없는 자신만의 수익구조를 만들 능력을 갖추어야 하며, 이 능력이야말로 매우 의미 있고 중요한 것이다. 그건 바로 경쟁력으로 표현되며, 이 어려운 자동차 판매시장에서 살아남을 수 있는 무기가 된다.

중요한 것을 짚고 넘어가고자 한다.

신차를 구매하는 주체에 따라 수익의 구조가 달라질 수 있다는 것이다.

개인으로 구매하는 경우가 일반적이라 할 수 있다. 그리고 그럴 경우 분할되는 이익을 기본적으로 가져온다. 하지만 개인사업자와 법인사업자는 일반판매와 법인차량 판매, 개인사업자용 판매 등 판매법이 다르며 세금 등의 각종 유지보수비를 매월 경비로 처리해야 하는 경우로 절세를 원하는 곳에서는 리스 차량과 렌트 차량을 이용하는 경우가 많다.

리스와 렌트를 통한 차량 판매는 딜러와 신차 판매사원에게 큰 이익이 되는 판매 방법이기 때문에 한 달에 한 번 정도 매출이 날 수 있도록 노력하는 것이 중요하다. 리스와 렌트의 경우, 다시 리스하거나 렌트할 가능성이 높기 때문에 이 판매시장을 쉽게 놓쳐서는 안 된다. 놓칠 경우 고수익의 시장을 놓쳐버리는 결과를 가져오게 된다.

위의 이야기를 통해 고수익을 창출하는 판매시장에 좀 더 빨리 발을 담그고 경험을 쌓는 딜러 및 신차 판매사원이 금전적으로 우위에 설 수 있다는 사실을 알 수 있다. 이 점을 빨리 깨우치기 바란다. 본인의 주 업무를 게을리 하라는 말은 아니다. 다만 고수익이 되는 기회를 쉽게 버려서도 안 된다는 것이다. 그래야 어려운 시기를 맞이할 때 버틸 수 있는 귀중한 자산이 된다. 살아남기 위해선 현재의 브랜드에 속박된 채 가만히 있어서는 안 된다.

본인의 브랜드를 배제하고 타 브랜드의 제품을 판매하는 것은 판매윤리에 어긋나고 판매사와의 관계를 악화시키는 일이지만, 고객의 결정에 의해 좌우되는 차량 구매에 있어서 어디까지나 개인의 역량에 따른 결과물이기 때문에 자사 제품 중에는 없는 차량을 상담 중인 신차 판매사원을 통하여 구매하길 원하는 경우가 있다. 제조사와 판매사의 매출에 영향을 주지 않는다는 판단이 선다면, 그것은 놓치지 말아야할 수익원이다.

그전에 해야 할 일이 있다면, 자사차량을 우선적으로 판매하려는 노력이 있어야 한다는 점이다. 이를 잊지 말아야 한다.

신차 판매사원은 도구로 전락해선 안 된다고 당부를 한 적 있다. 자금적으로 궁핍한 상황이 반복되면 안 된다. 그렇게 되면 도구로 전락되어 버리기 때문이다. 반대로 금전적으로 여유가 있고 실력이 있으며 유능한 딜러 및 신차 판매사원이 된다면 도구가 아닌 협력의 대상으로 여겨져 대우 받고 존중받는다. 이는 사회 전반에 나타나는 공통적인 것, 바로 "인정받았다."는 것이다.

4. 1단원을 마무리하며

    자동차를 판매하는 것이란 무엇이고, 내 경험이 조금이나마 누군가에게 도움이 될 것이라 생각해 쓰기 시작한 글이 어느새 한 단원의 마무리까지 와 있다. 나는 소설가가 아니며 시나리오 작가도 아니다. 장문의 글을 쓴 경험도 없고 주기적으로 글을 쓰는 사람도 아니다. 하지만 이 시대에 작가가 누구이고 독자는 누구인지 묻고 싶다. 최첨단 인터넷 시대를 살아가는 우리는 지식과 정보와 의견을 자유롭게 나누고 사는 시대를 살아가고 있다.

    문체도 어색하고 문법과 단어의 사용에 어긋남이 많으며, 적절한 표현이 부족하지만 경험을 바탕으로 적은 글이기 때문에 재미보다는 가볍게 읽어보고 참고가 되는 글이 되었으면 한다. 이 글을 읽어주는 이에게 바라는 점 역시 그것이다.

    서두에서는 자동차에 대해 생각해 보았고, 중반에는 고객과 대면할 때 무엇이 중요한지 생각해 보았다. 마지막에는 실제로 이 길을 걷기 시작한 내 경우를 비추어 '자동차 판매 시장의 현실은 어떠한가?'에 대해 생각해 보았다. 누군가에게 제출하거나 기한을 지킬 필요가 없기에 편하게 생각하면서 자유롭게 적은 글이라 전문적이고 체계적인 작문이 아니라는 사실이 아쉬울 뿐이다.

2단원에서는 "인정받는다."라는 것이 자동차 영업과 어떠한 연관성이 있는지 생각해 보고 싶다. 단기적인 영업효과도 중요하지만, 장기적인 영업을 염두한 방법으로는 어떠한 것이 있는지도 찾아봐야 한다. 그것이 흔히 회사에서 알려주는 인맥관리 잘하기, 인품 쌓기, 친절한 말투 등일 수도 있지만, 그런 상투적인 것들은 나에게 와닿지 않기에 1단원을 마무리하는 지금 생각난 주제로 이어 나갈 것이다.

UNIT 2

part 01

1. "인정받는다."는 것

"인정받는다."는 것은? '누군가가 다른 모두에게 확실히 그렇다고 여기는 것이다.'라고 정의되어 있다. 왜 2단원의 첫 주제로 '인정받는 것이 중요하다'를 선정하게 되었을까를 생각해 본다. 인정받는 것이 이 일과 무슨 관계가 있을까? 하지만 관계가 있는 것은 확실하다.

사소한 마음가짐 하나라도 충실하게 이어 나가는 것, 스스로 지키고자 하는 마음을 끝까지 이어서 나가는 것부터 시작하는 것이 중요하다. 정해진 시간에 출근하는 것을 지키고자 하는 마음을 먹고 실천으로 옮긴다면 준비성 있는 사람으로 인정받을 것이며 동시에 성실함을 인정받을 수 있다. 간혹 늦는 경우가 발생하면 그 이유를 밝히는 것 또한 중요하다. 이러한 행동은 책임감 있는 행동으로 인정받을 수 있다.

사람이라면 늦는 경우와 출근을 못하게 되는 경우가 생기기 마련이다. 하지만 아무런 연락도 없이 일방적으로 행동하는 것은 지탄 받을 행위에 속한다. 그렇기 때문에 정해진 시간에 출근하는 것으로 성실함을 인정받았다면, 간혹 늦더라도 타당한 사유를 제시할 경우 문제가 될 일은 없을 것이다.

기존의 생활습관을 천천히 바꿔 나가는 것 또한 중요하다. 나는 공인이라는 생각으로 생활해야 한다. '나의 행동이 곧 회사의 이미지이다.'라는 믿음을 가지고 행동해야 한다. 대부분의 고객들은 우수한 성능의 차량을 추구하지만, 그와 동시에 계약 담당자의 인성 또한 중요하게 여긴다. 때문에 회사 안에서, 그리고 회사 밖에서의 생활도 중요하게 여겨지는 것이다.

지역사회와의 관계에서 이는 명확하게 나타난다. 지금까지 나의 삶이 나의 판매실적과 연관된다는 것이 당장은 피부로 느껴지지 않겠지만, 장기간 자동차 판매를 할 경우 결국 부메랑처럼 돌아온다. 그래서 전 직장 사람들과 현 직장 사람들은 물론 기존 친구들과 가족 관계를 원만하고 친밀하게 유지하는 것이 중요하다. 신입교육에 나온 인맥관리를 따로 시간 내어 배우거나 실천할 필요는 없다. 주변에 있는 친구들이나 가족들과의 원만한 관계유지, 그리고 모범이 되는 행동을 보이는 것으로 충분히 실천된다고 생각된다.

　새로 관계를 맺게 된 고객과 너무 빨리 친해지려고 생각할 필요가 없다. 사람과 사람의 관계에서 좋았던 점은 금세 잊혀진다고 생각한다. 하지만 나쁜 점은 오랫동안 기억될 수 있다. 그렇기에 지속적인 관계유지보다도 결정적인 관계유지가 중요하다고 생각한다. 고객이 보았을 때 수시로 연락하지만 도움이 안 되는 사람보다는 정말 필요로 할 때 도움이 되는 사람이야 말로 제대로 된 인맥으로 여기기 때문이다.

　인정받았다고 본인 스스로가 느끼게 되면 곧 새로운 누군가를 만날 때 자신감으로 표출된다. 고객을 만나기 전에 이미 준비가 완료되어 있는 사람은 말하는 자세가 바르고 자신감 있는 모습을 보이며, 대화를 할 때 정확한 내용을 전달하게 된다.

　전쟁을 준비하는 군대와 전투를 대비하는 유능한 군인이 이와 비슷하다. 우리는 보이지 않는 전투를 하고 있는 것이고, 항상 싸울 수 있는 자세와 유능한 전투 능력을 겸비해야 한다. 영업전선에서 살아남는 것은 전쟁 상황에서 살아남는 것과 다를 것이 없다. 병사 개개인의 각개전투능력과 개인능력이 생존율을 높이듯, 자본주의와 이기주의가 만연된 이 세상 속에서 나의 가정과 나의 소중한 아이들을 지켜나가야 하는 묵직한 책임을 진 우리들에게 뼈 있는 충고가 되기를 바란다.

인정을 받는다는 것은 단기적인 행동이 아니라 장기적인 행동에 대해 평가한 것이다. 누군가가 꾸준하게, 준수하게 일하는 모습을 본 타인의 평판으로, 사람을 평가하는 사회적 가치기준이기도 하다. 즉 그 사람에 대한 평가가치의 총칭으로 '인정받음'이라 표현하며 그 세부적인 것으로는 그 사람의 인격과 인품, 그리고 좋은 인성이 있을 것이다. 즉 올바른 인성을 지녀야 제대로 인정받았다고 할 수 있을 것이다.

스스로 떳떳하게 일하며 인정받고 있다고 느껴질 때 더욱더 정진하여 모범을 보인다면 나를 평가하는 그 무엇으로부터 높은 평가를 받을 것이다. 그리고 이렇게 좋은 이미지를 부각하는 것은 결국 본인이 속한 제조사 및 판매사의 이미지와 가치를 높여주는 중요한 일이기도 하다. 이는 전반적인 자동차 제조사 및 판매사가 공통적으로 요구하는 영업사원의 기본적 자질이며, 수입차를 판매하든 국산차를 판매하든 중고차를 거래하든, 자동차 판매 업무에 임하는 모든 이들이 알고 있으면서도 실천하기 힘든 부분이기도 하다.

금전적으로 부자가 되기를 원하는 자는 돈을 쫓고 다니면서 정작 중요한 것을 놓치기 쉽다. 그렇기에 돈벌이가 잘되지 않으면 여기저기 옮기는 것을 보게 된다. 돈이라는 것은 절대로 우리와 같은 방향으로 나아가지는 않는다. 다가가면 다가갈수록 멀어지는 사막의 신기루나 오아시스처럼 잡힐듯하면서도 잡히지 않는 돈의 갈증에 허덕이지 말고 지혜를 배우고 쌓아나가야 한다.

아프리카의 이름 모를 부족의 생존방식은 오랫동안 이들이 어떻게 갈증을 참고 견디고 이겨내며 결국 물을 얻는 방법을 터득하여 삶을 이어 나가는지 보여준다. 그리고 그 과정이야말로 우리의 삶과 비슷하다는 것을 느끼게 한다. 그들은 부족의 식량 문제를 해결하기 위해서 먼 곳, 더 먼 곳까지 나가 사냥을 해야 하고, 살아남기 위해 맹수보다 빨리 뛰어야 할 때도 있으며, 끊임없이 육체의 한계를 경험하기도 한다. 그런 와중에 자신보다 훨씬 큰 동물을 잡기 위해서 독화살과 덫과 구덩이를 이용하여 사냥하는 방법을 생각해 낸다. 우리도 결국 시대와 배경이 바뀌고 목적이 바뀌었을 뿐이지 행동하는 이유는 같다고 말할 수 있다.

우리 모두 지켜야 할 사람이 있고, 내가 살아야 하기에 직업이든 영업이든 자영업이든 해나가는 것이다. 이 이유를 반드시 가슴에 지니고 하루하루를 살기 바라며, 자신의 매출이 좋은 경우에도 이 매출이 유지되지 않는다는 것을 명심해야 한다. 또한 지금의 노력이 당장 가져올 결과를 예상하지 말고 꾸준하게 준비하며 성실히 어떤 일이든 임하는 것이 중요하다.

2단원의 첫 주제로 '인정받는다'를 선정해 머릿속에서 생각나는 것을 글로 적어 보았다. 결국 '인정받는다'는 건 어떤 이유로부터 시작되어 최종적으로 도착하게 되는 도착점인 것 같다. 그것은 누군가를 지키고 생계를 이어가는 가장이라는 사람들에게, 혹여 부양할 가족이 없다 하여도 살아가기 위해서 자립해야 되는 사람들에게는 꼭 달성해야만 하는 절대적인 필요성을 가진 일이다. 그 절대적 필요성은 열정이라는 말로 대체되기도 하지만, 열정과 절대적 필요성은 분리되어야 한다.

로켓으로 비유하자면 1단 점화는 절대적 필요성이며, 대기권을 뚫고 성층권으로 올라서기 위해 사용하는 2단 로켓과 3단 로켓 등은 추가로 이어지는 출력으로 이것을 열정이라고 말하고 싶다. 내 경우 일이 없을 때, 차가 잘 판매되지 않을 때면 초심을 잃곤 했다. 열정이 없다고 말하는 이들도 있다. 하지만 이 평가는 조금만 생각을 바꿔도 어리석은 평가라는 걸 알 수 있다.

끊임없이, 지속적으로 일하는 사람이 차가 팔리지 않는다는 이유로 열정이 없고 초심을 잃었다고 평가받아야 하는가. 그런 평가를 하는 사람들에게 진정한 의미에서의 열정이 무엇인지 되묻고 싶다. 절대적 필요성으로 시작한 이 일을 부정하지 않았으면 한다.

그래서 도구로 전락되는 영업인이 되어서는 안 된다. 꾸준하게 매출을 일으킬 수 있는 다양한 방법 중에서 반드시 자신만의 것을 만들어야 한다. 일정한 매출과 분할되지 않는 고수익을 추구하여 비수기를 대비하고, 자금을 비축하여 부채를 줄이며, 자신의 경험과 능력을 올려나가면서 결국 새로운 인맥과 기존인맥을 잘 활용하여 이 자동차 판매업에서 살아남아야 한다. 또한 타 직종보다 고수익을 창출하는 사람으로 거듭나야 될 것이다.

2. 똑같은 사람은 되지 말자

자동차 회사의 시스템은 잘 파는 사람을 위주로 굴러가고 있다는 점을 유념하자. 못 팔거나 안 팔리는 경우에는 공격적인 투자를 하지 않는다. 전년, 전월, 금월 등에 매출이 급증하는 이유를 찾아내 선택과 집중으로 경쟁사보다 우위에 서려는 노력을 게을리 하지 않는다.

신차 판매사원은 그런 큰 그림에서 하나의 퍼즐조각에 불과하다. 그렇기에 제한된 정보로 고객을 맞이할 경우 종합적이고 합당한 결론을 내어줄 수 없는 경우가 있다. 누가 봐도 타당한 요구가 묵살되고 인정되지 않는 경우를 생각해 보자. 결국 회사의 이익에 반하는 경우, 신차 판매사원의 요구보다는 회사 또는 판매사의 이익에 합당한 결과로 마무리 짓는 경우가 발생한다.

이런 차디찬 현실을 받아들인다면, 업무를 할 때 객관적으로 다가서야 하는 경우도 있다. 고객이 왕이라는 잘못된 사고방식으로 인해 영업사원들이 보이지 않는 피해를 감수해야 되는 경우가 발생하곤 한다. 손님을 잘 이해시키고 서로 합당한 결론을 찾는 일은 손님을 받드는 것이 최고인 것과 근본적으로 다르다.

회사에 기대어 무조건적인 보상을 요구하기보다는 합리적이고 합당한 방법으로 업무절차를 체계적으로 이끌어 나간다면 실수를 줄이고 피해를 최소화할 수 있다. 이것이야말로 영업 시 발생하는 위험에 대처하는 자세가 아닌가 싶다. 내가 1단원에서 "브랜드에 속박당해서는 안 된다는 것이 첫 번째 원칙이다."라고 한 것과 일맥상통한다. 브랜드가 요구하는 최소한의 자격요건에서 브랜드가 추구하는 최대의 효과를 발휘하는 자세로 임해야 한다.

결국 사람은 자신이 낸 결과를 평가받고 그에 합당한 대우와 존중을 받아야한다고 믿어야 하며, 그 믿음은 회사와 영업인과의 보이지 않는 신뢰로 쌓아 나가는 것이다. 만약 브랜드라는 자동차 회사가 영업사원인 영업인에게 그 신뢰를 잃게 만든다면, 계약의 파기나 직장에서의 해고가 아니라 종료를 선언하며 새로운 길로 나아가야 한다.

뛰쳐나갈 수 있는 배짱과 능력을 키워 두어라. 스스로 먹고 살기 위해, 또 부양할 가족을 위해 일하는 사람임을 하늘 하래 천명하였기 때문이다. 이것은 복속되었다는 이유로 제조사로부터 피해를 강요받지 말아야 한다는 것과도 일맥상통 한다.

합리적이고 합당한 방법으로 업무절차를 체계적으로 이끌어 나간다면 실수를 줄이고 피해를 최소화할 수 있다. 이러한 방법으로 영업 시 발생되는 위험에 대처하는 자세를 갖추는 것이 이 차디찬 영업시장에서 우리가, 내가 추구해야 할 자세가 아닌가 싶다. 이런 자세야말로 회사에서 추구하는 "잘 팔고 말 잘 듣는 똑같은 사람들 만들기"라는 판매 전략술로부터 벗어나 틀린 것을 피력하고 올바르게 처리되지 않는 부당함에 대항할 수 있는 마음가짐이라 생각한다.

3. 좋은 사람 되기

　'좋은 사람 되기'란 주제를 정했지만 두 번째 단원에서는 내면에서 조금씩 쌓였던 이야기가 나오는 것 같다. 회사를 위해서 열심히 일하고도 토사구팽 당했다는 생각을 떨칠 수 없었던 기억도 있었지만, 그래도 나를 찾아주고 도와주고 힘내게 해준 것은 자동차 회사가 아닌 사람들이었다. 국내외의 유명한 자동차 회사라고 해도 대마불사라는 생각으로 기업을 유지하면 안 된다.

　그렇게 생각하는 순간 무너지는 것이라고 지금은 평가되고 되새겨지고 있다. 브랜드의 인지도가 낮고 선호도가 떨어진다 해도 그 안에서 생존하는 방법은 있으며, 뛰어나게 매출을 올리는 사람들도 있기 마련이다. 결국 개개인의 노력과 능력 차가 결과를 만들어낼 뿐, 실제 자동차 브랜드가 차지하는 부분은 그 비율이 1/2을 넘지 않을 것이다. 결국 차량이라는 것은 사람이 구매하고 사람이 판매하는 물건이기 때문에 개개인의 인성과 인품이 요구되고 있는 것이다.

　그래서 '좋은 사람 되기'라고 이번 주제를 정해 보았다. 이 일에 있어서 초반에 어려운 시기를 이겨내려면 꾸준하게 무엇이든 해나가야 하는 기간을 통해 인정받아야 한다. 그리고 그 인정을 통해 자리를 잡게 되는 시기가 오게 되면 적응이라는 심리적 상태에 들어가고, 회사나 판매사로부터 부당함을 강요받을 때 자기 주장을 피력할 수 있다.

본인들이 속한 단체의 장단점이 있기 마련이다. 그 장단점을 최대한 이용하고 회사에서 지양하는 것을 제외한 모든 수익 요소에 도전하여 성과를 이뤄내려면 스스로 좋은 사람이 되어야 한다. 결국 모든 것은 사람으로 시작해 사람으로 끝나기에, 근본적으로 좋은 사람이 되어야 하는 것이다. 여기서 말하는 '좋은 사람'이란 타인에게 보여주는 것이 아니라 본인 스스로 좋은 남편이 되어야 아내와 안정된 관계를 유지하고, 아이들에게 끊임없는 관심과 사랑을 주는 좋은 아버지가 되어야 한다는 것이다. 그러면 마음이 가벼워져 영업 시 좀 더 부드러운 인상을 만들 수 있으며, 결과적으로 좋은 사람이 되는 것은 영업에 도움이 된다. '좋은 사람 되기'를 주장하는 것은, 결국 이 일은 심리적인 요인이 매출에 영향을 미치고 있다고 판단되기 때문이다.

마음은 거울과 같고, 내 마음이 안정되어 있는 것이 고객들에게 반영된다면 좀 더 잘 되어간다는 믿음이 생긴다. 좋은 인상과 좋은 기분, 그리고 좋은 마음을 느끼면서 고객에게 괜찮은 것 같은 차량을 잘 소개하고 유쾌함과 명쾌함으로 서로 합의를 이뤄어가는 것이 계약이라는 게임라고 생각한다. 마인드게임, 또는 협상게임과 같은 관점으로 이 시장을 보는 것도 중요하며, 그 능력은 심리와 마음을 어떻게 잘 컨트롤하느냐에 달려 있다. 때문에 마인드컨트롤이 중요한 스킬이 될 수 있으며, 그 기본적인 바탕은 안정이라는 마음으로부터 시작된다고 생각한다.

자동차 세일즈
실전 안내서

4. 2장의 서두

　2단원의 1장에서는 실무적인 예시와 경험보다는 개인적인 생각을 많이 다뤘다. 자동차 영업에 있어서 성실히 일할 때 주변으로부터 받는 평가가 얼마나 중요한지도 피력해 보았다. 인정받는 것으로 시작하여 작은 일이라도 성실히 차근차근 이어가는 것이 정말 중요하다는 것을 다시 한 번 강조한다.

　'똑같은 사람은 되지 말자'고 이야기한 것은 항상 새로움을 추구하고 자신이 주관적으로 일을 처리하는 주체적인 사람이 되어야 한다는 뜻이었다. 새로운 도전에 임하였을 때 주저 없이 실행할 수 있는 행동력을 지녀야 한다는 것과, 소속된 회사보다 한 발자국 앞선 객관적인 분석력이 있어야 된다고 생각했다. 처음 입사한 회사에서 시작해야 하는 것 맞지만, 그 회사가 끝까지 나를 책임져 주지 않음을 시사하고 싶었다. 어디까지나 서로 간의 이익을 목표로 뭉친 관계이기 때문에 회사에 복속당하지 말고 개인적인 발전의 기회를 놓치지 않기를 기원한다.

　그러면서 '좋은 사람 되기'라는 주제는 근본적으로 어떤 일을 하여도 인성과 인품을 갖춘 사람이야말로 맡은 일에 최선을 다할 수 있다는 것이었다. 주위 평판을 잘 이용하는 것이 자동차 영업에서 매우 중요한 요소임을 느끼고 있기 때문에 다시 한 번

각인한다는 심정으로 인성의 중요성을 강조한 부분이 되었다.

  이어지는 2장에서는 다양한 변수와 심리적인 좌절, 그리고 심리적인 좌절이 다가왔을 때 어떻게 버티고 이겨나가야 하는 지에 대해 곰곰이 생각해 보겠다. 심리적인 요인이 일의 성과를 좌지우지할 수 있음을 잘 생각해야 한다. 그렇기에 심리적 안정이 업무를 잘해 나갈 수 있는 기본임을 자각해야 한다는 점과 업무 중 발생하는 실패와 좌절에 임하는 자세에 대해 생각해 보기로 한다.

1. 계약과 해약은 일상다반사

    자동차 판매는 광고 영업, 지인 소개, 방문상담, 그 외 다양한 방법으로 고객의 연락처와 인적정보를 획득하고, 그 후에 차량 소개와 견적서 제출, 고객의 최종결정을 통해 계약이라는 법적 효력을 가져온다. 그 과정은 짧게는 몇 시간, 길게는 몇 주가 걸리며, 고객의 최종결정에 따라 차량의 출고일을 정하고 최종적으로 차량인도로 이어져 하나의 매출로 기록된다. 이렇듯 내가 광고영업을 아무리 많이 하여도 광고영업만으로 매출이 일어나는 것은 아니며, 그렇다고 방문상담을 통한 무작위 고객의 매출만을 기대하기도 어렵다.

업계에서는 다양한 광고 효과를 발휘해야 한다고 말하고 있다. 물론 맞는 말이다. 당직상담도 잘해야 하고, 광고영업도 꾸준히 잘해야 하고, 지인 및 새로운 인맥을 잘 유지해야 하는 것이다. 계약으로 이어지는 하나의 건수는 근원을 알 수 없는 곳에서부터 발생하기 때문에 어려운 계약 건이 있을 수 있고 쉬운 계약 건으로 매출을 일으키는 경우도 발생한다.

항상 어렵다 말하지만 생각지도 못한 곳에서 쉽게 매출을 올리는 경우도 생기기 때문에 예상외의 일은 일상다반사라고 말하고 싶다. 계약과 해약 역시 그 궤를 같이하기 때문에 어떤 건이든 계약과 동시에 해약의 위험성을 내재하고 있기 마련이다. 해약에 대처하는 마음가짐은 간단하다. 편하게 대처하면 된다. 그리고 해약을 다시 계약으로 설득하고 옹호하는 것도 자동차 영업인으로 놓쳐서는 안 되는 것이다.

본인의 이익이 다소 줄어들 수 있지만 이익과 손해 사이에서 적절한 타협안을 가져올 수 있다면 그렇게 실행하여 계약을 유지할 필요도 있다. 다양한 모습으로 계약이 체결되지만, 말도 안 되는 경우로 계약이 해지되는 것을 본인은 짧은 경력이지만 여러 번 보았고 사례를 모아왔다. 이런 경우를 능수능란하게 헤쳐나갈 수 있는지 없는지는 결국 경험과 경력의 유무에 달려 있다. 물론 이 모든 것을 잘 헤쳐나가야 앞으로 다가올 수많은 역경을 잘 대처해나갈 수 있음은 두말할 필요가 없다. 그래서 계약이 되었다고 안심하지 말고, 해약을 통보 받았다고 좌절하지 말아라. 결국 일상다반사이고 언제든 발생하며 어디에서든 일어날 수 있는 일이기 때문이다. 항상 담담한 마음을 잃지 않도록 당부한다.

해약 건으로 흥분하는 일부 영업사원이나 신차 판매사원이 있을 수 있다. 그것이 고객의 사정이 아닌 타 영업사원으로 인한 경우라면 소속된 회사를 통하여 적절히 어필할 필요는 반드시 있다. 이에 대하여 각 자동차 제조사 및 판매사는 적절한 제재 방안을 가지고 있다. 그렇다해도 근절되지는 않기에 이상적인 판매시장을 유지하기 어렵다. 이 사실은 앞서 일러두었다.

서로간의 뺏고 뺏기는 판매 경쟁 상황은 이미 완전히 구축된 자율경쟁 시장임을 의미한다. 우리는 이런 현실을 체감하면서 영업활동을 하고 있는 현실이다. 이러한 제 살 깎기 영업판매 행위는 근절한다고 없어지는 것이 아니다. 계약과 해약이라는 큰 주제를 놓고 보면 일부에 지나지 않지만, 고객을 뺏는 경우도, 때로는 고객을 뺏기는 경우도 있음을 늘 주지하고 있어야 한다.

고객을 뺏기는 경우가 많이 발생되면 편중된 생각을 갖지 않을 수 없다. 나의 영업방식이 잘못되었는지, 내가 속한 브랜드가 가치가 없는 것인지 등 복잡한 마음이 들기 시작하면 헤어나지 못하는 경우가 종종 생기며, 결국 영업을 하기 위한 안정된 심신을 유지할 수 없다. 단순히 뺏겼다는 사실에 그치지 말고 원인이 무엇인지 정확히 짚어내어야 반복되는 실수를 막을 수 있다는 것을 깊이 받아들여야 한다. 해약이라는 결론에는 수많은 이유가 있기 마련이지만, 참된 자기반성 없이 타인 때문에 자신의 이익이 사라졌다는 결론을 내선 발전할 수 없다. 이 점을 잘 생각해야 한다. 해약의 원인은 무엇인지를 제대로 파악해야 한다. 그것만이 똑같거나 비슷한 해약을 방지할 수 있다.

2018/2/5

2. 이익과 손해

각 차량은 일정 비율의 이익이 발생한다. 판매 가격의 일정비율을 판매원이 가져가게 된다. 그 금액이 판매되는 차종에 따라 다를 뿐이지 판매이익은 큰 틀에서 벗어나지 않는다. 쉽게 말하자면 경차 두 대 판매금액이 중형차 한 대와 비슷하다고 할 수 있다.

하지만 신차 판매사원이나 영업사원들은 자동차를 팔 때 서비스라는 부분을 지원해야 한다. 그렇다면 두 대를 서비스하는 것보다 한 대를 서비스하는 것이 비용이 줄어드는 것은 자명한 일이다. 이쯤 되면 무슨 말을 하고 싶은지 감이 올 것이다. 상담 시본인에게 입금되는 정확한 금액을 알아야 손해가 발생하지 않는 판매로 이어진다는 것이다.

예를 들어 경차나 소형차를 판매할 때 지나치게 고객의 요구를 맞추다보면 손해가 발생하는 판매로 이어지기 때문에 항상 고객이 요구하는 서비스 사양에 대한 정확한 인지가 필요하다. 그러한 사전준비가 없으면 결국 차량 판매 후에 문제가 발생한다. '상담할 때와 다른 모델이 장착되었다.' 또는 '처음 했던 상담 때와 이야기가 다르다.' 등의 심각한 문제가 발생하기 때문에 차종별, 차량 가격별 각기 다른 서비스 대응방법을 마련해야 한다.

본인은 이러한 문제를 영업 초반에 경험하였기에 몇 가지 팁을 운영하고 있다. 그 방법은 아래와 같다.

1) 차종별 틴팅 브랜드 선택의 가이드라인을 갖자.

경차는 두 가지가 넘는 서비스가 들어가면 안 된다. 틴팅과 블랙박스로 한정시켜야 한다. 그리고 추가로 큰 비용이 들어가는 제품 서비스를 요구하는 경우, 고객과의 협의를 통해 서로 분담이 가능하다는 것을 확인하고 현재 상황에 맞춰 고객의 요구를 맞춰줘야 하는 것이다.

'당연히 받아야할 서비스용품이다.'라는 생각을 고쳐줄 필요가 있다. 경쟁사 간의 용품 경쟁으로 인해 변질된 판매시장이 되었다는 것을 인지시켜줄 필요가 있다. 초반에 주장한 바와 같이 서비스는 용품이 전부가 아니며, 차량을 관리하는 차원에서 신차 판매사원은 반드시 일정 수익을 반드시 보장받아야 하기 때문이다.

자동차를 구매하는 것이 주 목적임에도 여기저기서 서비스용품을 비교하면서 최대한 많이 얻어내고 신차 판매사원의 이익마저 탈탈 털어가는 도둑심보의 고객들에게는 그에 합당한 강한 지적이 필요하다. 서비스는 어디까지나 신차 판매사원의 자의로 제공되는 것이다. 구매를 빌미로 강요하는 일부 몰지각한 고객의 갑질 행위에는 반드시 강한 비판이 있어야 한다. 나와 고객 모두에게 이익이 되는 용품에 대한 정확하고 구체적인 자료를 가지고 상담을 해야 한다.

틴팅에 대해서 말해보고자 한다. 우선 틴팅을 해야 하는 이유와 목적, 그리고 전 세계적으로 공통된 차량 필수 용품인가를 생각해 보자.

국내에서는 일반적으로 틴팅이라는 용어 대신 썬팅이라는 단어를 사용하고 있다. 이 부분을 우선 이야기해주고 정확한 용어로 통일한 다음 진지하게 각 회사별 브랜드의 장단점과 스펙의 차이, 그리고 실제 차주에게 가장 적합한 모델이 무엇인지 찾아주면 된다. 신생아가 있는 젊은 부부를 예로 들어보자. 그들에게 가장 중요한 것은 무엇일까? 특정 브랜드가 최우선이라며 단정 짓고 비용도 많이 드는 틴팅 브랜드에 대해 설명하기보다는, 뒷좌석에 타야할 아기를 위해선 어떤 제품이 좋은지를 따져주는 세심함이 필요하다.

그런 세심함은 이런 것이 될 수 있다.

"틴팅을 하는 가장 큰 목적은 10년 전에는 눈부심 방지였습니다. 그 후 틴팅 제품의 발전으로 자외선차단 기능이 요구되었고, 현재에 와서는 강한 햇빛에 의한 열차단 기능이 포함된 고기능성 제품을 요구하고 있습니다. 차주님의 개인적 상황에 맞게 카매니저인 제가 추천 드리는 제품은 운전자와 뒷자리에 앉을 아기를 위한 제품입니다. 그 중에서도 이런 제품이 가장 적합하리라 생각합니다.

틴팅 브랜드는 대략 7개를 소개해드렸지만 가성비 높은 제품으로 진행하심이 고객님께 유리하며, 틴팅 역시 시간이 지나면 그 농도와 기능이 점점 감소합니다. 실제로 고가의 틴팅을 해도 중고차 판매 시에는 아무런 영향을 미치지 않기에 2년 내지 3년에 한번 정도 교체하심이 좋습니다. 틴팅 제품은 해가 지날수록 기능은 좋아지고 가격은 떨어지는 추세이므로 운전자의 야간 시야확보와 뒷자리 아이를 위한 자외선 차단, 열 차단을 가진 제품으로 이 브랜드 틴팅이 좋겠습니다. 더불어 틴팅의 농도를 선별 차등 적용하면 열 차단 효과를 더욱더 증가시킬 수 있습니다.”

이익과 손해의 관점에서 틴팅에 대한 적절한 설명이 매우 중요함을 나는 피력하고 싶다. 그 이유는 실제로 자동차 영업을 시작했을 때 가장 먼저 고객과 협상해야 할 부분이기 때문이다.

차를 구매하는 고객은 주변의 수많은 조언을 듣게 된다. 그것에서부터 문제가 생긴다. 차를 구매한 다른 누군가에게 조언을 받을 때 한 가지 다른 점이 있다. 공통된 브랜드의 같은 차종을 구매하고 듣는 조언인지를 확인해 봐야 한다. 차를 산 주변사람들로부터 이야기를 듣는 고객은 이러한 브랜드에서 이러한 서비스를 받았다는 것만 인지한다. 그래서 내가 무슨 차를 구매하든지 그 사람과 똑같거나 그에 상응하는 서비스를 받는 것이 당연하다고 생각하는 경향이 있는데, 이 오류를 바로 잡아주어야 한다. 전에 기술 한 것과 같이 경차와 중형차의 이익이 다르기에 각 차종마다 적절한 선의 서비스용품이 있기 마련이고, 이 이상 요구할 경우 고객과의 협상을 통하여 해결하는 방법을 취해야 한다.

하지만 이익이 남지 않는 차량에 무리한 요구를 들어주면서까지 차량을 판매하는 방법은 시간적으로 또는 금전적으로 손해가 발생된다. 그래서 이익과 손해의 관점에서 차량의 판매를 생각해 본다면, 고객이 주변 사람들에게 들은 조언과 현실이 직시하였을 때 무엇이 다른지를 잘 알려줘야 한다.

본인이 만일 벤츠를 구매하거나 고가의 수입차를 구입한다고 생각해 보자. 차량 구매 가격의 일부가 틴팅에 들어간다고 하면, 차량을 아끼고 오래타고 싶은 마음으로 본인 지출을 늘리겠다고 결심한 후 백만 원 이상의 틴팅을 시공하고자 하는 마음은 잘 이해한다. 1억을 호가하는 차량에 대한 틴팅 비 비율은 고작 0.01%이기 때문이다. 하지만 현재 자동차시장에서의 잘못된 인식으로 인해 무조건 고가의 틴팅을 요구하는 것은 비정상적인 것으로 간주하고 싶다.

내 입장에서 틴팅 시공이란, 고객의 시력과 동승자 및 뒷자리 아이를 위한 자외선 차단용 틴팅을 조금 짙게 시공하는 것이다. 그리고 동일한 브랜드로 측후면과 전면 가격은 제조사가 제공하는 쿠폰과 적당 가격의 전면 틴팅이 적당하다고 생각한다. 각 차량에 배치된 유리면적과 각도, 그리고 썬 루프 차량인지 아닌지, 색상이 어두운 차량인지 밝은 차량인지에 따라서 고가의 틴팅이

제대로 된 효과를 얻지 못할 때도 있고, 중저가의 브랜드라고 해도 적절한 농도 조절과 차량의 특성에 따른 효과로 인해 고가 못지 않게 좋은 효과를 보이는 것이다. 차량의 색깔로 인해 내부온도가 5℃ 가까이 차이가 날 수 있다는 것을 고객에게 알리고 싶다.

간단한 예로, 고가 틴팅 브랜드의 제품의 검은 차량에 장착된 것과, 중저가 틴팅 브랜드의 제품이 흰색 차량에 장착되었을 때 그 효과는 동일 차종일 때와도 다르고 차종마다 다르다. 때문에 '고가의 틴팅 브랜드가 무조건 최고다.'라는 인식은 버려야 할 것이다.

차량을 판매함에 있어서 틴팅은 어쩔 수 없이 서비스해야 되는 부분이지만, 그것은 판매자의 수익에 막대한 영향을 미치기 때문에 틴팅에 대한 정확한 인지가 필요하며 각 회사의 제품이 지닌 특징과 스펙을 잘 활용하여 각기 다른 고객의 요구에 맞는 제품으로 시공할 필요가 있다. 그래야 판매가 이익으로 이어지기 때문이다. 무리한 고객의 요구를 현실적으로 바꿀 수 있는 올바른 지식과 설명 능력을 가져야 한다.

이번 주제는 제일 먼저 신차 판매사원을 당황하게 만드는 틴팅에 관한 것이었다. 고객이 특정 브랜드의 틴팅을 무조건적으로 요구하였을 시 좀 더 체계적으로 대응했으면 하는 생각으로 글을 적어 보았다. 어떤 제품인지도 모른 채 고객의 말만 듣고 해드린다고 했을 때 발생할 막대한 비용과 고객과의 심각한 트러

블을 미연에 방지해야 손해가 발생하지 않음을 저자는 알려 주고 싶다.

자동차 판매 과정에서는 이익과 손해가 발생하는 요소는 끊임없이 나타난다. 그중에서도 틴팅 서비스에 임하는 자세와 사전 마음가짐이 고객을 응대할 때 발생할 수 있는 손해를 줄여줄 수 있다는 확신으로 기재하였다.

다음 주제는 블랙박스가 될 것이다. 국내 자동차판매 시장에서는 당연히 지급하거나 장착해줘야 하는 용품으로 취급받고 있기에 이번에는 블랙박스에 대하여 기술해 보고자 한다.

2) 가장 고가로 지불되는 블랙박스에 대한 가이드라인 가지기

블랙박스를 가장 먼저 사용하기 시작한 것은 항공기였다. 기체의 고장유무와 원인을 따지기 위하여 장착된 기기이고, 이후 차량으로 확대 적용되어 실제 사고 발생 시 잘못의 유무를 가려줄 수 있는 유용한 장비로 인식되었다. 최근에는 무인상태인 차량의 손괴를 막는 예방책으로 인식되는 경향이 있다. 여기서 일반적인 고객과 신차 판매사원이 생각하는 블랙박스의 개념이 다를 수 있다.

현재 개발되고 사용 중인 제품의 경우에는 사고가 났을 때 그 순간을 기록하는 장치로서의 기능은 당연히 들어가 있어야 하며, 차량에 손괴가 발생했을 때 범인을 잡아내기 위한 기록 장치로 인식되고 있다. 이러한 제품은 시중에도 판매되고 있으며, 가격 또한 상당한 고가로 책정되어 있기에 신차 판매사원은 매우 부담스런 비용을 요구받기도 한다.

물론 이런 장치에 대한 개념을 서로 잘 이해한다면 고객에게 맞는 적절한 제품을 선정할 수 있고, 특정 브랜드의 고가 제품을 원하는 고객의 경우에는 협의를 통하여 원하는 제품으로 선정해 주면 그만이다. 하지만 이런 개념에 대한 이해 없이 특정 브랜드를 무조건 장착하는 것은 신차 판매사원으로서 상당한 비용을 감수해야 하기 때문에 매우 주의해야 한다.

사고가 났을 때 발생할 수 있는 책임시비를 가리기 위한 저장 장치로서의 기능이 가장 큰 비중을 차지하기에 고객님의 안전을 위하여 인지도가 높고 내구성이 강한 유명제품을 소개하는 것까지는 괜찮다. 이미 대중적인 모델이 시장에 적당한 가격으로 나와 있기에 충분히 AS 및 제품의 강점을 소개하여 서로에게 이익이 되는 점을 부각하면 신차 판매사원의 이익에 부합되는 설명을 할 수 있기 때문이다.

이제 고객이 걱정하는 무인상태에서의 차량 손괴 시 블랙박스가 얼마만큼 유용한가를 생각해 봐야 한다. 현재 대부분의 블랙박스 제품은 2ch제품으로 이루어지지만, 간혹 올어라운드 제품을 선호하기도 한다. 이 올어라운드 제품 역시 미세한 손괴에 대한 증거를 확실히 잡는다고 보장할 수 없다. 즉 어떠한 경우라도 퍼펙트하게 차량을 보호해 줄 수 없음을 시사해야 하며, 고가의 수입 차량의 차주들은 이러한 경우를 잘 알기 때문에 보통 아파트 주차장에 차를 주차하였을 경우 블랙박스 이외에도 CCTV가 비추는 곳에 주차하는 것이다.

이것이야말로 저자가 이야기하고 싶은 요점이 되겠다.

아무리 뛰어난 블랙박스도 아파트 전체를 감시하고 있는 DVR이나 CCTV와는 비교할 수 없다는 것이다. 이러한 관점과 생각을 이해시키면 블랙박스의 역할과 용도의 한계점을 고객도 충분히 이해하고 넘어가는 경우가 많다. 때문에 무조건 요구하는 제품을 선정하여 장착하지 말고, 신차 판매사원 또는 영업사원들 스스로가 자신의 이익을 보장받을 수 있는 길을 찾아보길 권유한다.

또한 제품의 작동유무에 따라서 출고 후 사고가 났을 때 제품에 대한 불만을 제기하는 경우가 있을 수 있다. 이는 제품의 특성 및 기능을 제대로 설명하지 않았기 때문에 발생하므로, 항상 신차 인도 시 '본인의 차량과 차량에 장착된 용품에 관심을 가지고 적극적으로 배우는 자세를 가져야 한다.'고 고객에게 인지시켜줄 필요가 있다. 사고가 발생했을 때, 찍힌 영상이 자동포맷 기능 때문에 지워져 올바른 대처를 하지 못하는 경우도 보아 왔다.

'조금만 신차 판매사원이 신경을 써서 적절하게 대응하는 방법을 알려 주었다면 사고 후 재구매로 이어질 가능성이 높은 이런 경우를 놓치지 않았을 텐데.'라는 아쉬움이 나타날 때도 있다. 그러한 세심한 부분도 놓치지 않아야 한다. 특히 기계나 장비를 다루기 싫어하는 노인 및 여성 고객에게는 필요한 것이다.

이익과 손해라는 큰 주제를 가지고 신차 판매사원과 영업사원들은 이 서비스나 용품 비용을 줄여야만 이익을 얻을 수 있으며, 과도한 용품비가 지급될 시 손해가 발생한다는 점을 누누이 지적하고 싶다. 그렇기에 가장 대표되는 틴팅과 블랙박스를 가지고 현재 내가 대응하는 방식과 사고방식을 근거로 기술하였고, 이 길을 걷고 있는 대부분의 사람들에겐 자신만의 방법이 있다고 믿는다. 같거나 다를 수 있고, 효율적이거나 비효율적일 수도 있지만 원칙은 동일하다.

이 직업은 비용을 줄이고 이익을 늘려야 살아남을 수 있다는 것이다.

3. 3장의 서두

지금까지 계약과 해약은 일상다반사라는 이야기로 풀어 나갔다. 자동차 시장에서 판매원들은 불특정 다수와 거래를 하기 때문에 노력을 하여도 결과가 시원하지 않은 경우도 발생하고 예기치 못한 곳에서 성과를 낼 수 있다. 때문에 이 보이지 않는 시장에서 어떻게 상황을 대처해야 하는가에 대해 생각해 보았고, 일상다반사처럼 자주 일어나는 일과 계약 및 해약이 같은 성격을 지녔음을 유념하고 너무 한곳에 지나치게 얽매이지 않아야 평정심을 유지할 수 있다는 것, 그리고 해약으로 인한 스트레스를 털어내야 새로운 영업에 영향을 미치지 않는다는 것을 강조하고 싶었다.

이익과 손해도 같은 맥락으로, 계약에 따른 결과가 당장의 금전으로 다가오지만 그것이 반드시 이익이 되는 것은 아님을 시사하였다. 차종과 차량의 가격, 그리고 서비스용품에 지원되는 금전적 비용을 감안해야만 순수하게 이익을 얼마인지 알 수 있기 때문이다.

때문에 가장 대중적인 서비스용품으로 틴팅과 블랙박스로 예시하였다. 그 외 추가로 들어갈 수 있는 용품은 다양하지만 피력하고 싶은 내용은 신차 판매사원 또는 영업사원의 주도로 서비스용품이 차량에 장착되어야 된다는 것이었다. 차량을 구매하는 것과 서비스용품을 장착하는 것은 엄연히 다른 문제로 생각해야 할 것이며, 차량을 사는 모든 이들이 당연히 여기는 것을 때로는 뒤집어서 생각해보고, 고객에게 올바른 구매 가치관을 심어줄 필요가 있다고 생각한다.

초반 영업시장에 진입하였을 때 손님에게 끌려다닐 수밖에 없는 상황이 나타나는 건, 내가 만들어 놓은 시장이 아니라 누군가가 만들어 놓은 경쟁 시장에 내가 들어왔기 때문이다. 그래서 초반에는 끌려다닐 수밖에 없지만 약간의 시간이 지나면 반드시 깨닫게 되는 것이 있다. 고객에게 끌려다니며 3대를 팔았을 때보다 본인이 주도하여 잘 판매한 1대의 수익이 더 괜찮을 때가 있다는 것을. 이처럼 자동차 판매업도 효율성을 따져서 진행해야 한다는 결론을 도출할 수 있다.

우리는 한정된 시간이라는 재료를 가지고 생산물을 만들어 낸다. 그리고 생산의 결과로 금전적 이익을 보상받기에, 고가의 제품을 단시간에 최대한 이익을 보며 판매하는 것이 이상적이다. 전체 계약 중 봉사판매의 비율이 높다면, 현재 본인의 영업방식에 문제제기를 해볼 필요가 있다고 여겨진다. 그리고 개선해나가는 방법을 강구하여 실천한다면 보다 좋은 결과를 얻을 수 있다고 생각한다. 그리고 내가 언급하는 조언이 도움이 되기를 진심으로 바란다.

3장에서는 서두에서 언급한 것처럼 효율적인 판매에 생각해 보기로 한다. 효율적이면서 고수익이 보장되는 판매에는 무엇이 있는지 생각해 보는 것 또한, 자동차 영업인으로서 이 길을 좀 더 오래 갈수 있는 방법이라고 생각하기에 주저 없이 주제를 정하였다.

20180309

1. 효율적인 판매

고객에게 끌려다니며 3대를 팔았을 때보다 본인이 주도하여 잘 판매한 1대의 수익이 더 괜찮을 때가 있다.

그렇기에 자동차 판매업도 효율성을 따져서 진행해야 한다는 결론을 도출할 수 있다. 이때 무엇이 효율적인 판매인가를 정의할 필요가 있고, 비효율적 판매는 무엇이 있는지도 알아야 한다. 물론 그 전에 현재 판매 시스템을 정확히 이해해야만 하며, 판매의 주체에는 어떤 하위분류가 있는지, 효율적인 판매에 가까운 영업 방식은 무엇인지를 중점적으로 파악해 나가야 시간과 비용을 줄이면서 이익을 극대화 하는 결과가 나타난다.

그럼 제일 일반적인 주제를 가지고 생각해 보자. 자동차는 사람이 산다. 때문에 초창기에는 차는 오직 사람만 구매가 가능한 것으로 알았다. 그 후에 계약을 진행하면서 사람이 아니라 회사 및 법인에서도 구매가 가능하다는 것을 알게 되었다. 짧게 표현하자면 개인 구매, 법인차량 구매, 개인사업자 구매, 입찰 구매 등 다양한 구매자가 있음을 알리고 싶다. 이중에서 본인이 경험한 토대로 가장 효율적인 판매 대상을 꼽자면 [법인 구매 + 개인사업자 구매]이고, 이중에서 리스나 렌트로 판매되는 차량을 판매하는 경우가 가장 효율적인 판매가 되겠다(개인 중에서도 리스·렌트).

판매되는 주체는 동일할 수 있으며, 방식에 따른 효율성을 비교하면 리스·렌트 판매가 일반적인 할부 또는 일시불 판매보다 수익이 더욱 발생되는 경우가 많다. 신차 판매사원이나 영업사원이 캐피탈 이율을 책정하는 만큼 수익율을 조정할 수 있는 장점이 있기 때문이다.

자동차 회사에서 판매이익을 받는 것과 할부 구매 시 캐피탈사에서 조건에 따른 수수료가 있을 수 있고, 렌트 및 리스의 경우에는 전체 차량가격에 대한 적용이자율을 포함하여 받을 수 있기에 이중에서 적절한 것을 선택해 수익을 추구할 수 있다. 렌트 및 리스는 회사 법인에서 많이 이용하는 방법이기에 회사를 상대로 하는 영업을 소홀히 할 수 없는 이유가 바로 여기에 있다. 물론 가끔 개인이 리스나 렌트를 이용하기도 하지만, 자동차 구매에서 경비 지출 및 종합소득세나 법인세를 낮추기 위한 방안으로 리스 또는 렌트를 이용하는 것도 한 방법이라는 것을 생각한다면 개인보다는 법인(개인사업)이 보다 나은 혜택을 볼 수 있다고 말할 수 있다.

자, 그렇다면 각기 다른 판매 주체에 따른 효율적인 판매를 하기 위해서 우리가 갖추어야 할 지식과 경험은 무엇이 있는지 생각해 보기로 하자.

첫째, 일반 개인 구매 시 효율적인 판매를 하기 위해서는 계약 상담 시부터 분명하게 지출의 선을 그어야 한다. 그리고 최종 출고로 이어져야 한다. 그렇지 않으면 사소한 금액 부담부터 상당한 금액 부담을 떠안을 수 있고, 고객과의 대화 중 확실히 이해하고 소통하지 않으면 차후에 말이 다르다며 기분 나빠할 수 있다. 또 충분한 설명을 듣지 못했다는 이유로 계약을 해지하고 싶다는, 돌이킬 수 없는 관계로 치달을 수 있다. 결국 한 건 한 건 계약과 출고가 절실한 신차 판매사원 또는 영업사원들은 울며 겨자 먹기 식으로 밀려가며 출고할 수밖에 없는 상황에 처하는 것이다.

그 다양한 예를 내가 경험한 내용으로 정리하면 부대비용의 충분한 설명이 없는 경우, 탁송료가 발생됨을 고지하지 않은 경우, 공채가 발생하는 차량에 대해 충분히 설명하지 않는 경우,

캐피탈 관련 중도상환 시 수수료가 발생하는 점을 고지하지 않은 경우, 고가의 용품 장착 시 서로 분담하는 금액을 잘 알지 못하는 경우, 보험료가 매우 싸게 나올 것처럼 이야기하는 경우, 중고차 또는 폐차 비용이 생각보다 적게 나오는 경우, 정부 폐차보조금이 안 나오는 차량을 출고 등이 있다. 이처럼 현실적으로 자동차 업종에서 일할 때는 비효율적 판매의 위험이 매우 많이 도사리고 있다. 결국 이 모든 리스크를 없애고 판매를 해야 효율적인 판매로 이어질 수 있다.

차를 구매하는 고객들은 본인이 차량을 구매하면 차량 신차 판매사원이 큰돈을 벌 거라는 착각을 가지고 있다. 또는 동일한 차량을 구매한 누군가의 조언을 떠올리며 막대하거나 무리한 서비스를 요구하기도 한다. 앞에서 언급한 제 살 깎아먹는 판매가 이런 경우에 생기는 것이다. 결국 이러한 구매와 판매 행태는 신차 판매사원의 입지를 더욱 좁게 만들며, 올바른 자동차 판매 문화를 가져오지 못하게 하는 걸림돌이다. 이런 이유로 이 시장을 무한 경쟁과 서로 물고 뜯는 시장이라고 말하지만, 그래도 아직은 판매자의 양심과 인성에 따라 움직이는 고객이 남아 있다.

그렇기에 꾸준하게 고객을 창출하고 효율적인 판매를 유지해야 한다면, 고객과의 충분한 대화를 통하여 차량 판매를 할 때 현실적인 보수와 절대로 양보해선 안 되는 금전적 커트라인이 있음을 이야기해야 한다. 대부분의 고객은 이 이야기를 이해해주고 따라준다. 그럼에도 불구하고 따라주지 않을 경우에는, 내가 잡은 끊을 놓아서 원하는 곳으로 보내주는 결정도 할 수 있어야 한다.

본인의 효율적이지 않는 판단으로 고객을 받아들인다면 결국 손해를 볼 수밖에 없는 판매를 하게 된다. 그에 따른 시·공간적, 금전적 손해가 발생하는 것은 자명하고, 기껏 계약을 성사시켜놓고도 새로운 고객 창출을 이어갈 수 없다. 이러한 예는 인터넷 영업에서 찾아볼 수 있다. 익명이 보장된 인터넷 공간에서는 신뢰도, 의리도, 원칙도 없다. 오직 얼마나 빼주고 무얼 더 해주는지, 어떤 제품을 붙여주는지만 중요하다. 그래서 고객의 형태가 인터넷 고객인지 일반적인 고객인지를 구별할 수 있게 만든다. 이 시장에서는 단연코 인터넷 고객은 지양하고 지인과 영업활동, 기존 출하고객을 통한 신규고객 창출을 통해 효율적이고 안정적인 판매를 이루어야 한다.

인터넷 또는 동호회에서 요구하는 서비스에 대해 설명할 때, 빼줄 건 다 빼주고도 그런 서비스가 가능한 이유가 무엇인지 고객에게 알려줘야 한다. 각종 동호회를 통해 최소 10대 내지 20대를 판매하는 인터넷 판매 신차 판매사원은 그 판매 수량의 증가를 통하여 이익을 남긴다. 즉 박리다매의 원칙으로 차량을 판매하는 것이다. 제조사와 판매사는 표면적으로 이를 단속하지만 현재까지 그 효과는 미미하다. 불공정한 판매 방식이기 때문에 각 자동차 회사별로 암행 및 단속하며, 적발 시 담당자는 해직되고 그를 고용한 판매 대리점은 페널티를 받게 된다. 이처럼 올바른 판매문화를 정착하고자 하는 움직임이 일고 있는 것이다.

일반적인 판매사원들이 인터넷 판매사원과 경쟁할 수 없는 이유를 간단히 적어보면 두세 가지 정도로 볼 수 있다. 박리다매가 매출전략이기 때문에 서비스용품 역시 대량으로 구입해 비용을 줄이고 판매할 수 있다. 그리고 별다른 영업활동이 필요 없으며, 비밀글이나 인터넷을 통해 구매 예정자가 입소문을 듣고 연락하게 된다는 점 등이다.

이러한 행태의 부작용으로 일반적인 판매사원은 이러한 소리를 듣게 된다. "인터넷에서는 이렇게 해주는 데 왜 못 맞춰주느냐."고. 때문에 현실적인 이야기를 이해시키는데 많은 시간이 들게 되며, 이런 불합리하고 불공정한 내용을 정당화하다고 우기는 고객들 또한 정상적인 사고방식을 가진 사람들은 아니라고 본다.

자동차 판매에서 할인은 자동차 회사가 담당할 일이다. 그럼에도 일정한 보수를 받는 판매사원의 보수까지 깡그리 벗겨먹고자 하는 몰지각한 고객이 있다. 그들을 지탄할 수도 있지만, 그전에 고객을 그렇게 만들어 버린 판매사원과 제조사, 그리고 판매 대리점의 공통적인 잘못을 지적해야만 할 것이다.

깊이 들어가면 들어갈수록 효율적인 판매를 하기 위해서 우리가 맞서야 하는 이 자동차 판매 시장은 온통 리스크로 가득 차 있고, 비효율적인 요소가 가득 차 있다. 하지만 좌절하지 말고 한 길을 바라봐야 한다.

인터넷을 통한 판매는 재고차량을 신차라 생각해 구매한 고객이 생기는 문제, 구매 후 판매자의 연락처 부재에 따른 사후 A/S의 부재 문제, 등급차량을 신차 판매로 구매한 고객들의 억울함 등 각종 부작용을 만들어내기 마련이다. 이 점을 구매하는 고객에게 잘 이해시켜야 한다. 같은 지역 사람이라면 같은 지역에서 구매하시는 게 구매 후 A/S 등을 편리하게 이용할 수 있고, 여차하면 담당 신차 판매사원이 대응할 수도 있으며, 언제든 어려운 점이 있을 경우 도움을 줄 수 있다는 점과, 차량을 구매하는 것과 동시에 차량관련 전문가를 언제든 찾을 수 있다는 점을 알려주어야 한다. 앞에서 밝힌 것처럼 소프트웨어적인 효과를 볼 수 있음을 강조하여 불합리하고 불공정한 판매시장에 머물고 있는 인터넷 고객을 변화시켜야만 한다.

다시 마지막으로 효율적 판매에 대한 생각을 정리하면서 글을 마무리하고자 한다.

내가 생각하고 경험한 효율적인 판매시장은 아래와 같다.

1. 판매주체에 따라서 이익이 되는 판매가 효율적 판매시장이다(법인·개인사업·일반 리스 및 렌트).
2. 모든 비효율적 위험 리스크를 없애고 판매하여야 효율적 판매가 가능하다.
3. 신차 판매사원으로서 소프트웨어적인 효과로 불합리하고 불공정 인터넷고객을 변화시켜야 한다.

자동차를 잘 아는 것만으로도, 그리고 그달의 판매조건 및 할인 내역을 잘 설명하는 것만으로도 자동차를 판매할 수 있었던 쉬운 판매의 시대는 지나갔다. 타 업체와의 비교를 떠나 동일업체 내에서도 경쟁을 해야 하며, 보이지 않는 인터넷 영업이라는 불합리와도 싸워 이겨나가야 한다.

항상 내 주위에는 나를 둘러싼 수많은 리스크와 보이지 않는 적이 있음을 알아야 한다. 그렇기 때문에 나에게 이러한 어려움을 이겨낼 무기가 무엇인지 곰곰이 생각해 보아야 한다. 신입 판매사원에게 어떠한 내공을 기대하기는 어렵다. 현실에서 직접 부딪히고 넘어져 봐야 알 수 있는 것이다. 현실을 보는 눈을 키워야 한다는 것으로 이 주제를 마무리하고 싶다.

가끔 권투선수의 이야기가 생각이 난다.

들어오는 펀치를 예상하면 피할 수 있다. 그리고 들어온 펀치는 얼굴과 목으로 신체를 통한 충격흡수가 가능하지만, 바닥에 누워있다는 것을 알았을 때쯤엔 "예상하지 못한 펀치가 알 수 없을 때 들어왔구나!"라고 후회하는 것이라고 한다.

신입사원은 예상하지 못한 펀치를 맞는 권투선수와 같다는 심정이다. 그래서 주변 동료와 선배들이 잘 이끌어주어야 하며, 충격을 흡수하는 방법과 펀치를 피하는 방법을 알려줘야 신입사원이 살아남을 수 있다. 경쟁자로서가 아닌 협력자이자 동료로 받아들여줘야 한다. 같은 브랜드의 제품을 판매할 때, 그 신입사원이 좋은 이미지의 판매사원으로 다듬어지면 서로가 윈윈할 수 있는 결과를 가져올 수 있기 때문이다.

20180311

2. 비효율적인 판매

효율적이지 못한 모든 리스크를 비효율적 판매라 정의내린 것 같아, 두 번째 이야기에서는 비효율적 판매를 새로운 시각으로 접근해 보고 싶다. 우리가 자동차를 판매하는 이유는 돈을 벌기 위함이고, 이 직업을 선택했다면 응당 보수가 따라야 한다는 당연함을 이야기 하고 싶다. 그 정당한 보수의 근간은 효율적 판매에서 나오는 것이며, 효율적인 판매보다 비효율적인 판매가 많아지게 되면 결국 금전적 이익은 줄어들게 마련이다.

신차 판매사원, 영업원사원 등 지칭하는 말은 동일하지만, 각 경쟁사들에 종사하며 영업행위를 담당하는 이들에게 물어보고 싶다. 본인이 비효율적인 판매를 하면 결국 누가 이익을 취하게 되는 것인가를.

답은 간단하다. 비효율적인 판매를 하는 판매사원을 제외한 모든 이가 이익을 받는다. 이것이 지금까지 비효율적인 판매가 근본적으로 없어지지 않는 이유이다. 많은 신차 판매사원과 영업사원은 손해를 감수하고 차량을 판매해도 실적만 오를 뿐이지 실질적 이익은 제조사에게 돌아가기 때문에, 지금부터는 어떻게 판매를 해야 하는 것인지를 심도 있게 고민해야 할 이유 나열해 보고자 한다.

이 시장은 현재 이렇다. 이 자동차 판매시장에도 정규직과 비정규직이 나뉘어져 있기 때문에 월급을 받으면서 차량을 파는 영업사원과 차를 팔아야 월급을 받아갈 수 있는 영업사원 두 분류로 나눠지게 된다. 더 복잡하게 설명하자면 이렇게도 설명할 수 있다.

정규직인 경우에는 비효율적인 판매를 원천적으로 배제할 수 있다. 손해가 나는 판매를 할 이유가 없기 때문이다. 즉 일정한 월급이 보장되어 있기 때문에 손해가 발생될 것 같으면 판매를 안 하거나 계약을 안 할 수 있다. 하지만 비정규직 영업사원은 판매 대수와 실적에 대한 평가를 받기 때문에, 그리고 판매와 실적을 기준으로 직장에 존속할 수 있느냐 없느냐가 결정되기 때문에 비효율적인 판매라도 손해만 발생하지 않는다면 차량 판매에 돌입하는 경우가 있다. 이것이 윗글을 부연 설명해 준다고 믿는다.

그리고 비정규직 영업사원의 경우 대리점마다 이익 분할에 대한 수수료의 퍼센티지가 다를 수 있기에 같은 차량을 팔더라도 이익이 제각각 다를 수 있다. 이게 무슨 이야기냐고 묻는다면 간단히 아래와 같이 설명할 수 있다.

같은 회사 내에서 동일한 차종을 판매하여도 영업사원에게 입금되는 금액이 다른 경우가 있다. 영업사원과의 이익 분할 퍼센티지 설정은 대리점 대표의 권한이며 재량이고, '많이 팔 것인가?' 아니면 '잘 팔 것인가?' 등을 결정하는 것도 대리점 대표의 재량권이라 이에 대해서 어떠한 문제를 제기 하지 않는다.

이러한 이유로 동일 브랜드의 차종을 판매함에도 불구하고 이익금이 다르기 때문에 고객으로부터 "다른 대리점에서 준 견적과 이곳의 견적은 많이 다르고 서비스도 다르다."라는 말을 듣게 된다.

당연히 다를 수밖에 없는 구조에 놓여 있는 우리는 반박을 할 수가 없다. 서비스를 많이 해주겠다고 하는 신차 판매사원은 손해가 발생되지 않는 부분까지 이야기한 것이겠지만, 그 서비스를 맞출 경우 나는 손해를 입게 된다. 그렇다고 구조적으로 신차 판매사원의 분할 수수료가 다른 점이나 그것이 대리점 대표의 대리점을 운영하는 방식이라는 것 등을 일일이 설명할 필요는 없다. 대리점마다 다른 이유를 나는 알고만 있으면 된다. 그리고 고객에게는 상황에 맞게 잘 설명하면 될 뿐이다. 용품과 서비스에 얽매여서 차량을 판매하는 것은 올바른 판매 방식이 아니며, 오래 동안 지속되는 방법도 아니기에 이 현실을 제대로 받아들이면 그만이다.

또한 동등한 입장이 아닌 상황에서 차량을 판매한다는 점도 비효율적인 판매에 한 몫을 더 하지만, 포기하거나 좌절하지 말자. 설득과 이해를 통하여 지금 눈앞에 있는 신차 판매사원을 신뢰할 수 있다는 믿음을 주자. 그리고 그 결과에 연연하지 말고 미련을 두지 않았으면 한다.

이 일을 지속적으로 이끌어 나가는 것은 효율적인 판매가 아니다. 비효율적인 판매에 대해 끊임없이 대처방법을 강구하고 미연에 방지하는 자세가 오랫동안 이 직종에 머무를 수 있는 원동력이며, 그런 자세를 통해 살아남을 수 있다고 말할 수 있다.

내공이란 내면에 쌓여 있는 실력이라 할 수 있다. 수많은 비효율적인 판매와 부딪혀야할 시기가 온다면 항상 다짐하라.

"이제 당신과 나의 승부를 지을 때가 온 거구나."

돌아서는 고객을 다시 돌아오게 만들어야 하고, 이익보다는 믿음으로 나와 계약하게 만들어야 하며, 내가 고객을 진심을 다하여 대하는 것처럼 고객 역시 나를 배신하지 않을 것이란 신념을 가지고 임하였으면 한다. 그것이 어떠한 결과를 가져온다 해도 담담히 받아들일 수 있어야 함을 알려 주고 싶다.

마지막으로 효율적인 판매와 비효율적인 판매에서 하고 싶은 이야기를 정리하고 다음 장으로 넘어기로 한다.

마트에서 가격이 정해진 물건을 판매하듯이 계산만 하면 그만인 시장이라면 복잡해질 것도 없다. 하지만 자동차라는 고가의 차량을 구매하는 고객은 조금이라도 저렴하게, 그리고 남들보다 많은 대우를 받기 원한다. 이것을 비난하지 말고 스스로 자세를 낮추고 고객이 차량을 구매할 때 바라는 것, 고객의 기대에 잘 부응하면서도 현실적인 방법을 찾아줘야 한다. 또한 남의 손님이 되도록 떠나보내지 말고 나의 손님으로 만들 수 있는 신차 판매사원이 되어야 한다.

차량을 판다는 것은 일반적인 물건을 파는 것과는 개념이 많이 다르다는 것을 잘 알아야 한다. 쉽게 팔리는 차량은 없고, 어렵게 팔리는 차량도 없다. 자동차를 구매하는 단계는 오직 두 단계뿐이다.

첫째, 어떤 브랜드의 제품을 살 것인가? 둘째, 누구에게 살 것인가?

이 두 가지에만 초점을 맞추면 된다. 이후 무엇을 해주고 안 해주고는 부수적인 곁가지임을 알아야 하며, 우리는 곁가지에 의미를 두지 말고 일해야 한다. 차량에 대한 진심어린 조언과 차량에 대한 전문지식의 전달, 그리고 차량 판매인의 전문성과 훌륭한 인성이 뒷받침되어야 하며 시대적으로 뒤쳐지지 않을 정도의 서비스면 그만이다. 자신의 내부에 확고히 자리잡은 원칙이 이를 뒷받침해주면 더욱 좋을 것이다.

3. 판매수익 관리

　판매수익 관리는 이미 이야기한 수익관리와 큰 틀에선 동일하다. 그러나 여기선 효율적인 판매와 비효율적인 판매를 설명하면서 발생하는 모든 수익에 대한 수익관리를 이야기하고 싶다. 자동차 판매에 있어서 중요한 것은 판매 대수가 아니라 어떻게 수익관리를 해나가야 하는 것이기 때문이다. 이것이야말로 진정 중요하다는 것을 일깨워 주고 싶다.

　수많은 차량을 팔았지만 잘못된 수익관리로 인하여 파산하는 영업사원을 많이 보았고, 파는 양은 적지만 잘 버텨내는 영업사원도 많이 보았다. 이들의 지금을 가르게 된 원인은 그들의 수익관리에 있다.

　그렇다면 수익 관리가 왜 필요한가. 간단히 말해서 우리가 하는 일은 월급이 보장되어 있지 않기 때문이다. 물론 월급제인 영업사원도 있겠지만, 대부분의 경우 실적이 곧 월급이기에, 그런 이들을 대상으로 이야기 하겠다.

　차량 판매실적이 많은 달과 적은 달이 있고, 수입이 크고 적은 달이 있으며, 아예 수입이 없는 경우도 종종 발생한다. 단순히 수입으로만 끝나는 것이 아니라 용품비용과 등록비용을 결제해야 하는 경우도 같이 발생하므로, 항상 이번 달 비용은 그달 안에 처리하는 것을 원칙으로 삼고 수입을 관리해야 한다.

한마디로 이번 달에 수입이 없다면 이번 달에 결제할 자금도 없어야 한다는 것이다. 당월 결제가 쉽지는 않은 일이지만 실행해야만 한다. 그래야 빈곤하고 궁핍할 때가 있을지라도 나를 믿고 움직여주는 용품점과 등록대행인으로부터의 신뢰가 무너지지 않는다.

차량판매에 있어서 가장 중요한 건 고객과의 신뢰이지만, 나에 대한 주변인의 평가도 매우 중요함을 앞에서 강조했다. 수익 관리는 결국 나라는 사람의 신용평가와 관련된 일임을 잊지 않도록 신경 써주었으면 한다. 판매수익 관리는 곧 신뢰 관리라는 말과 같다고 여겨주기 바라며, 이번 주제는 다소 짧게 마무리하고 다음 주제로 넘어가려 한다.

4. 4장의 서두

차량판매에 있어서 남는 장사가 될 수 있는 효율적인 판매에 대한 저자의 개인적 의견과, 손해가 발생할 수 있는 비효율적인 판매를 어떻게 피해야 하는지를 개념적으로 설명하였다. 그리고 결국 판매에 있어서는 수익 관리가 무엇보다 중요하며, 이 일을 계속해 나가기 위해서는 본인이 신뢰 받는 사람이 되어야 하기 때문에 수익 관리를 통한 부채를 사전에 방지함으로써 많은 긍정적인 효과를 신차 판매사원들이 얻었으면 하는 마음이다.

이제 저자의 생각을 축약하여 이야기하고 싶다. 내용이 길면 하고자 하는 내용의 요점이 분산되기 때문에 되도록이면 본문의 내용을 인용하여 하고 싶은 이야기를 재차 언급하고 싶다.

자동차를 구매할 때 다름이 무엇인지를 알고 싶어 하는 마음은 자동차를 사랑하고 아끼는 마음이 있어야 한다는 1차원적인 시각에서 시작하였고, 이윽고 그 시각은 차량의 내부를 속속들이 읽어낼 수 있는 전문성으로 발전해 공간과 에어백 등을 예시로 설명하였다.

자동차의 외관과 내부를 잘 이해해야 함을 2장에서 적었으며, 이제 그 생각은 자동차를 벗어나 사람이라는 주제로 넘어갔고 고객을 처음 만났을 때 나만의 방법으로 어떻게 계약을 잘 이끌어나갈 수 있는지를 곰곰이 생각해 보는 시간을 가졌다. 결국 사람과 사람이 만났을 때 내가 준비되지 않았음을 가장 먼저 알아차리는 것 또한 고객이며 준비된 사람임을 알아보는 것 또한 고객임을 알게 되었다. 덕분에 차량 판매가 사람과 사람 사이의 줄다리기인 줄 알았던 이 보이지 않는 게임 속에서 고객이 신뢰와 믿음이라는 같은 줄을 당기는 협력자라는 것을 저자는 깨달았다.

나의 시각은 다시 공간이라는 주제를 가지고 차량에 대한 관찰을 시도하였고, 내가 느끼는 공간에 대한 감성이 차를 판매하는 것에 어떤 식으로 좋은 영향을 미칠 수 있는지를 생각해 보았다.

나는 전문적이지는 않지만 이 업종에 입사하고 종사한 1년 동안의 경험은 전문적이라고 생각한다. 내가 틀린 의견과 생각을 가지고 있을지라도, 하고 싶은 이야기를 해야 비판과 공감을 이끌어낼 수 있다고 주장하고 싶다. 자동차의 내부를 관찰하고 싶은 이유 중에 사회 전반적으로 잘못 알려진 자동차의 본질과 바라보는 시각을 보다 넓게 확장해 주고 싶었다. 그런 생각이 주제로 반영되지 않았나 스스로에게 질문해 본다.

이어질 4장의 주제는 1단원과 2단원과는 전혀 새로운 입장에서 글을 이어갈 생각이다. 지금까지는 신차 판매사원으로서 경험한 1년을 토대로 기술하였다면, 앞으로의 글은 나의 새로운 도전에 대한 글이 될 것이다.

그 무엇이든, 이제부터는 나도 처음 경험하는 내용기에 '두 번째 신입사원 되기'라는 주제로 4장의 포문을 열고 싶다.

20180312

자동차 세일즈
실전 안내서

1. 새로운 신입사원 되기

　자신이 속한 그룹과 회사를 벗어 던지고 새로운 일을 다시 시작하는 것이 과연 쉬운 일일까? 결코 쉽지는 않는 일이다. 이직하는 것이 맞는 것인지, 아니면 참고 일하는 것이 올바른 것인지 스스로의 끝이 없는 질문과 싸워야 한다. "나는 왜 다시 신입사원이 되려하는 것일까?"라는 물음에 대해, 나는 스스로 만든 원칙에 위배되지 않는 행동을 실천으로 옮기는 행위라고 말하고 싶다.

　앞서 브랜드에 속박되지 않는 자세와 끊임없이 새로움 추구하고 새로운 것을 두려워하지 않는 자세가 필요하다고 하였다. 그런 원칙과 믿음이 최고로 이끌어준다고는 말하지 않겠다. 하지만 하고 싶은 일을 해야 재미있고 돈도 벌 수 있는 이 자동차 판매 시장에서 나는 과감히 결정을 내렸다. 이 글을 적어나가는 지금 본사로 사번 삭제 요청이 이루어지고 있다.

이제부터는 처음 자동차 판매를 시작하는 모든 분들과 같은 심정으로, 공통적으로 느끼는 부분을 세밀히 적어나가고 싶다. 지금까지 신입사원을 거쳐 2년 가까이 한 회사의 영업사원으로 근무하면서 느낀 점과 도움이 될 만한 내용을 적고 약간의 개인적인 노하우를 체계화하여 정의를 내렸다면, 이제는 한 회사에서 퇴직하는 과정과 이직하는 경험을 하고 있는 지금을 좀 더 자세히 알려 주고 싶다. '새로운 신입사원 되기'라는 주제가 내가 지금 말하고자 하는 내용을 반영하고 있다.

나는 왜 지금 시점에서 새로운 신입사원이 되기를 원하는지 알려줄 의무가 있다. 때문에 그 배경과 원인이 어떻게 나를 변화시켰는지 알아보고자 한다. 순간적인 결정으로 이직하는 것이 아니며, 나라는 인간이 무슨 생각을 가지고 이 일을 결정했는지 스스로 점검해야 다가올 모든 일에 대하여 잘해 나갈 수 있다는 확신이 있기 때문이다. 그래서 2장에서는 '새로운 신입사원 되기'를 결정한 배경과 원인을 좀 더 자세히 파악해 가보고자 한다.

"너 자신을 알라."

소크라테스의 명언이다. 소크라테스가 다른 철학자보다 나은 점을 든다면, 다른 철학가와 달리 '자기자신에 대해 충분히 알지 못한다는 것을 잘 알고 있다는 것.'이다. 소크라테스처럼 나 자신을 되돌아보면서 앞으로 닥쳐올 무엇인가에 맞설 수 있다는 대한 강한 믿음과 힘을 길러야 한다.

2. 국산차와 수입차 그리고 영업사원

　국내 자동차 회사는 국내 제조설비와 국내 판매를 목표로 하고, 또한 수출을 담당하고 있는 자동차 회사이다. 제조설비는 해외에도 있겠지만 대중적으로 많이 알고 있는 기업을 꼭 짚어서 언급하자면 국내 자동차 회사를 대표하는 현대기아차가 그것일 것이며, 그 외 국내자동차 회사이면서 외국자동차 회사와 합작 또는 합병한 회사들이 있을 것이다. 국외 자동차라는 것은 일반적으로 수입차를 이야기하기 때문에 자세한 설명은 따로 하지 않아도 될 것 같아 생략하기로 한다.

　이제 간단하게 국산차와 수입차로 나눠서 생각해 보자. 모든 자동차 판매사원은 국산차 판매사원과 수입차 판매사원으로 나뉘지만, 그 판매의 경계가 모호해 지는 경우가 물론 있다. 국산차에서 수입차로 옮겨가거나, 수입차에서 국산차로 갈아타는 경우처럼 자동차 판매사원은 다양한 라인업을 잘 파악해 두는 것이 현재 자신이 속한 브랜드의 제품을 판매할 시에 많은 도움을 얻을 수 있다.

　재작년, 디젤게이트로 불거진 사회적 문제로 인하여 국내 수입차 시장에서 아우디 판매사원은 어려움에 처했고, 작년부터 불거져온 쉐보레의 철수설과 생산 공장의 폐쇄로 인해 일부 국산

차량 판매사원이 어려움에 처했다. 이는 영업사원이라는 것이 제조사의 브랜드 이미지에 따라 상당한 타격을 받을 수 있음을 강하게 시사하고 있다. 나도 이런 자동차 시장의 큰 변화에 따른 이익과 손해를 감수해야 한다. 브랜드 이미지가 좋아지면 판매도 좋아지는 것이 당연하며, 브랜드 이미지가 추락하면 매출의 감수로 이어지기 마련이다.

회사와 생산직원에 대한 국가적인 고려는 이루어지고 있는 상황이지만, 판매사원에 대한 고려와 지원은 등한시 되는 경우가 많다. 외부의 도움을 기다려야 하는 답답하고 어려운 시기를 맞이하였을 때, 희망을 가지고 기다리는 사람과 위기가 기회라고 생각해 새로운 길을 찾는 사람들로 나뉠 것이다. 나는 후자가 맞는 것 같았다. 희망을 가지고 기다리는 것보다는 새로운 것을 찾아 다시 시작하는 것이 나와 어울린다는 판단으로 이직을 결심한 것 같다.

새로운 자동차를 가지고 새로운 방법으로 한 번도 경험하지 않은 분들과 같이 일해야 하는 부담도 있으며 지식도 다시 쌓아야 하는 어려움도 있지만, 스스로 결정한 일에 대한 강한 자부심을 가지고 앞으로의 일에 대한 신념을 가지려 한다. 그리고 그 결과를 겸허히 받아들이며 선택과 집중을 통한 방법으로 잘 적응해 나가야 되는 것이다.

많지 않은 자동차 회사에서 수많은 자동차 영업사원들이 퇴직과 이직을 반복한다. 나도 그런 행적을 밟고 있는 것이며, 앞으로 이 일을 하는 모든 새로운 신입사원들에게 당부하고 싶은 이야기가 있다. 바로 나처럼 경험한 자도 다시 신입사원이 될 수 있다는 것이다.

이제 막 국산차 회사에 입사할 예정이거나 수입차 판매사원이 될 예정인 사람들에게 도움이 될 만한 것들을 적어보겠다고 한 글은 어느새 내가 그들과 같은 입장으로 다시 새로운 신입사원이 되기를 원하며 그들과 같은 길을 가게 되었다.

국산차나 수입차 모두 이름만 다를 뿐이며, 판매되는 차량의 가격과 판매방식이 다를 뿐 과정과 방법은 비슷하므로 너무 걱정하지 말자. 그리고 현금 판매, 할부 판매, 리스, 렌탈 등 다양한 방법이 있지만 이 역시 준비할 내용과 상담할 내용이 다소 차이날 뿐 과정은 비슷하므로 너무 어렵게 생각하지 말자. 선배들이 시간이 지나면 다 알게 된다고 하는데, 그것은 결국 경험이 쌓이면 무슨 일이든 스스로 해결해 나갈 수 있는 힘이 생긴다는 이야기와 같다는 것을 알려주고 싶다.

누구든 노력 없이는 결과를 얻을 수 없고, 고생한 만큼 결과가 따라온다는 강한 믿음으로 주위의 평가와 판매저조에 대한 부담으로 이 길을 쉽게 포기하지 않았으면 좋겠다.

새로운 길에 대한 선구자이며 개척자인 신입 영업사원 모두가 진심으로 성공하길 바란다.

뛰어나지도 않고 최고가 되어 보지도 않았던 내가 딱 1년 근무한 경험을 토대로 해온 작문을 여기서 마치며, 모두들 좋은 성과를 이뤄내기를 바라는 심정으로 펜을 놓기로 한다.

진심으로 모두의 성공을 기원하며 ….

2018년 3월 19일 사번이 종료되는 날.
모든 작업을 끝낸 2019년 1월 5일 토요일 오전

1. 내가 해본 광고행위

전단지(신문삽지)

주로 목요일이나 금요일에, 주말 매장방문을 독려하기 위하여 일간지 신문에 전단지를 삽입하여 구독자에게 전달하는 방식. 전단지 특성상 단순 광고로 인식하여 2천에서 4천부에 삽입했음에도 실제로 구매고객으로 이어지는 경우는 거의 없었다. 때문에 효과는 미비하였다고 생각된다. 차량에 대한 궁금한 점, 특히 이달 세일이 얼마나 되는지를 물어보는 경우가 많았던 기억이 있다.

차량 꼽기

차량 꼽기라는 말은 포괄적으로, 모든 내용을 담고자 내가 만든 단어이다. 차량에 직접적으로 광고물을 부착하거나 삽입하는 모든 방법을 말한다. 그 광고물은 전단지, 3단 접지, 명함, 카탈로그, 물티슈 등으로, 모든 광고물은 차량에 부착하여 구매예정자에게 전달하고자 하는 목적이 있다. 이 방법은 차량이나 대상에 따라 선택적 부착이 가능하다. 조기 폐차가 가능한 차량, 특정 할인이 가능한 차량, 특정 회사 차량 등으로 각 차량에 맞는 세부적인 부착물을 준비하면 좋은 효과가 있다. 예를 들어 쉐보레에서는 마티즈 CVT차량에 대한 지원이 있었기에 차량 꼽기를 할 적에, 특히 CVT차량이 있을 시 따로 제작한 부착물을 정성스럽게 부착하였고 효과도 있었다.

차량에 관심이 있으면 조기 폐차 대상인 차량을 구별해낼 수 있다. 연령이 오래된 경유차 중에서 DPF가 부착된 차량인지만 구별할 수 있다면 조기 폐차 관련 부착물을 꼽기만 해도 충분히 효과를 얻을 수 있다.

차량 꼽기는 실제로 구매예정자의 현재 모습을 보고 있는 것이기 때문에 선택적으로 정보를 제공할 수 있다. 이는 고객맞춤이 가능한 차량을 소개하거나 현 조건에 부합되는 차량 구매 조건을 제시할 수 있다는 것이며, 그 광고를 본 구매예정 고객님들이 "이 기회에 차를 바꿔 볼까."라고 생각할 수 있다. 그만큼 차량 판매 가능성을 높이는 중요한 행위이기도 하다.

차량 꼽기라는 것을 나는 중요하게 생각한다. 그것을 실천함에 어려움도 있겠지만, 이 일을 업으로 삼고 살아가는 모든 사람들에게 주어진 일종의 TEST일 수도 있다. 결과가 당장 나타나지 않는다고 해도 다양한 방법을 스스로 찾아내서 실행하여 결과를 만들어 낸다면 앞으로 더 좋은 결과를 기대해도 좋을 것이다.

신입사원을 경력사원과 비교했을 때, 신입사원이 뒤처지는 것은 한두 가지가 아니다. 하지만 노력에 대한 결과는 반드시 뒤따라오니, 차량 꼽기를 게을리 하지 않았으면 한다. 경력사원이나 신입사원이나 고객과 연결되는 것은 누가 더 많이 자기를 많이 알리느냐에 달려 있다. 그러므로 신입사원들은 발빠르게 행동해야 하고 광고행위를 실천하는 자세가 절실히 필요하다.

다시 한 번 강조하면 목적에 맞는 차량 꼽기(조기 폐차, 제조사별로 할인 가능한 차량, 기타)가 있고, 특히 신입사원은 전단지보다는 명함을 통해 나를 알리는 행위가 중요함을 기억하기 바란다.

쪽대 광고

전봇대에 걸려 있는 가로 1미터 세로 1미터 가량의 천 광고를 일컬어 쪽대 광고라고 부른다. 제작을 의뢰할 때 쪽대를 주문한다고 말하기도 한다. 구 시가지나 복잡한 거리 등, 지나다니는 사람들을 상대로 광고하는 방법이며 호불호가 갈리는 방법임을 알려 드리고 싶다. 저자의 경우 쪽대 광고는 신입시절 의무적으로 주어진 양만 소화하고 그 이후에는 사용하지 않았으므로 그 효과에 대해서는 이야기 하는 것은 힘들 것 같다.

현수막광고

사이즈가 종류별로 있다. 폭은 대략 1미터로 동일하지만, 길이가 3미터인 경우, 4미터인 경우, 좀 길게 한다면 5미터인 경우도 있다. 제조사에서 의무적으로 해야 한다며 보내는 경우 자동차 사진과 할인금액 등에 글자를 크게 할애하는 반면 가장 중요한 연락처는 작게 나오는 경우가 많다. 일부 자동차 회사에서는 현수막 광고를 아예 하지 않지만, 아직도 현수막을 통한 광고가 이루어지기에 광고 효과에 대해 기술할 필요가 있다고 생각하여 적어본다. 이어서 말하자면, 현수막 광고의 가장 큰 목적은 자기를 알리는 것이다. 때문에 싣는 것은 가장 중요한 본인 이름과 연락처이며, 나머지 부분엔 자동차 브랜드와 차종을 적으면 된다.

색상은 눈에 잘 띄게 만들고, 되도록이면 이름과 연락처는 최소 30미터 떨어진 곳에서도 보일 수 있도록 해야 한다. 현수막광고는 차량이동 중에도 인식할 수 있도록 시인성이 좋아야 하며, 사거리, 신호가 있는 곳, 눈에 잘 띄는 곳에 중점적으로 부착하여야 그 효과를 누릴 수 있다. 최근에는 지자체에서 제거를 많이 하기에 점점 그 부착 위치가 외곽으로 옮겨지는 경향이 있다는 걸 참고했으면 한다.

장기주차 차량 광고

저자는 스타렉스 중고차량을 구매하여 비교적 큰 현수막을 차량에 전체에 부착하여 출퇴근 차량이 많은 사거리에 대략 3개월 이상 세워놓고 광고를 한 적이 있다. 고정적이고 차량 유동량이 많은 곳에 제대로 자리 잡은 광고는 매우 큰 효과를 가져온다는 걸 실제로 느꼈다. 그것이 매출로 이어지는 경우도 있고 주변에 나를 알리는 매개체가 되어서 결국 좋은 효과로 이어진다는 것도 알 수 있었다. 하지만 땅주인의 항의로 오래가지는 않았다. 덕분에 단기적인 광고와 장기적인 광고가 각각 어떤 효과가 있는지를 확연히 깨닫게 되는 경험을 얻게 되었다.

자동차 판매업은 내가 광고하는 방법이 있고 매개체를 통하여 나를 광고해 주는 효과를 얻을 수 있다는 점을 명심하고, 매개체를 통하여 항구적인 광고효과를 누리는 방법을 꾸준히 찾고 활용하는 노력해야 함을 잊지 않았으면 한다.

아파트에서 광고하기

자석 접지라는 것이 있었다. 철제로 된 현관문에 고무자석이 붙은 광고 접지를 일일이 붙이는 방법이다. 고무자석이 붙기에 단가가 제법 나가지만, 현관문에 신속히 붙여나가면서 광고할 수 있는 방법이다. 신입사원 시절에는 다양한 방법을 추구해야 했기 때문에 일정기간동안 주변의 여러 아파트 단지를 찾아가 아파트 현관문에 자석 접지를 해보았다. 지금 생각해 보면 실제로 투입된 비용에 비하면 그 효과가 미비했고, 광고를 하기도 전에 청소부 아주머니가 깨끗이 치워버리는 경우가 허다했다. 그리고 가끔은 경비실에서 전화가 오기도 했는데, 불쾌하기 짝이 없을 만큼 고압적인 자세로 통화했던 기억이 있다. 그만큼 나에게는 맞지 않았던 광고 방법이었다.

최근에는 아파트 관리가 상당히 깐깐해졌기에 임의적인 광고는 서로 간에 불협화음을 만들어낼 수 있음을 알았으면 한다. 결국 좋은 광고도 나쁜 광고도 없다. 효과와 결과를 얻기 위한 노력이지만, 장소에 따라 이해관계자가 생기기 마련이므로 신중할 필요가 있다.

교차로 광고

6개월에 걸쳐 지문광고를 내었다. 신차구매 상담 등 차량브랜드와 차종, 그리고 이름과 연락처를 기재하여 광고하나 큰 효과를 얻지는 못하였다. 아무래도 교차로나 가로수는 중고차 위주로 차량을 많이 광고하고 있기 때문에 연락을 주시는 고객님들 또한 신용상태가 좋지 않은 경우가 많았다. 소모되는 비용도 적지 않았다. 매주 2회 발행에 부수도 몇 만 부이기에 큰 범위의 광고가 될 것이라 생각했지만 그렇지 않았다. 나만의 착각이며 광고 효과는 중심에서 조금씩 넓혀가는 것이지, 너무 넓혀지면 오히려 아무런 효과를 가져올 수 없음을 알게 되었다.

고정업체 광고

고정업체라 함은 잘 알고 있는 지인의 가게 또는 영업소에 지속적으로 광고하는 방법이다. 그곳이 식당이라면 눈에 잘 띄는 곳에 명함과 연락처 등 홍보물을 붙여두고 가져갈 수 있도록 하였다. 단기적인 효과는 없었으나 그래도 자신을 홍보하고 장기적인 광고 효과를 보여 반드시 결과가 뒤따라 왔다. 그러한 업체와 가게를 꾸준하게 늘려가면, 자신이 돌아볼 장소가 늘어나게 되어서 자연스럽게 영업의 범위도 넓어지게 된다.

현 지역에서 가장 외곽에 있는 지역을 커버할 수 있도록 고정업체에 광고하는 방법을 도모해야 하며, 결국 좋은 효과를 발휘하게 된다. 저자는 자주 이용하는 세탁소, 편의점, 식당, 지인의 회사, 함밥집, 자동차 운전면허 학원 등으로 영업 범위를 확장하였다. 고정업체가 많아지면 사람이 바빠지고 만나는 사람들이 다양해지기 때문에 결국 새로운 고객창출에 도움이 된다는 점을 알아줬으면 한다.

신차차량을 이용한 홍보

신차를 이용하여 다수의 인원에게 차량을 홍보하는 방법으로, 신차를 구매할 구매력이 있는 고객을 직접적으로 만날 수 있는 기회를 제공했고, 동시에 구매예정자의 인적정보를 얻을 수 있었다. 다만 시간상 적절한 시기에 시행해야 하며, 주변상가와 인근 주민에게 미리 양해를 얻고 홍보해야 한다. 아니면 불협화음이 생길 수 있기에, 사전에 홍보물과 사은품을 적당하게 드리면서 되도록이면 시끄럽지 않게 점심시간을 이용하여 신차를 홍보하는 시간을 가지겠다고 하고 끝난 뒤에는 주변정리는 잘 하고 가겠다고 해야 한다.

매장이 아닌 곳에서 신차에 대한 홍보를 할 때에는 되도록이면 신차관련 카탈로그와 가격표를 관심 있는 고객에게 많이 전달하고, 연락을 요청하는 것으로 만족하면 된다. 계약까지 가겠다는 생각으로 차량 홍보라는 목적으로 잊어버리면 안 되는 것이다. 되도록 많은 예비고객에게 홍보하는 것이 중요하다.

자신을 광고하는 방법

자동차판매를 업으로 하는 사람은 자신이 곧 걸어 다니는 광고판이나 다름없다. 그만큼 외모에 신경 써야 하며, 항상 깨끗하고 올바른 언행과 생활습관을 유지해 주변사람들에게 좋은 인상을 심어야 한다. 좋은 인식이 심어지면 좋은 효과를 불러오게 되어 있으므로 외모가 단정해야 함을 다시 한 번 알려주고 싶다. 사람에 대한 첫인상은 곧 판매 브랜드에 대한 좋은 이미지로 다가올 수 있고, 고객이 다른 잠재고객에게 나를 소개할 때 영향을 미치기 때문에 외모는 항상 단정하게 유지해야 해야 한다. 이것은 기본적인 준비라고 생각하면 된다.

다음은 대화이다. 자동차에 대한 대화를 할 때 전문적인 면모를 보여주어야 좋은 평가를 얻을 수 있다. 언제든 대화를 요청하면 도움이 되는 내용을 알려줄 수 있도록 다방면으로 지식을 넓혀가야 한다. 우리가 만나는 고객은 매우 다양하다. 직장인부터 개인사업자, 법인대표 등이 있으며 다양한 업종과 취미를 지니고 있기에 각기 다른 주제를 가지고 이야기를 할 때가 많다. 때문에 자신의 주장을 펼치기 전에 대화의 즐거움 자체에 반하지 않도록 의견을 듣는 게 80% 말하는 것은 20% 정도면 충분하다고 생각하며, 좋은 정보를 제공하겠다는 자세로 대화하면 될 것이다.

외형과 언행, 그리고 생활에서 보여주는 좋은 인성을 가지고 영업에 임하면 기본적인 준비는 끝난 것이다. 그리고 자신이 준비한 것을 있는 그대로 보여주며 열심히 생활하면 자연스럽게 자신을 광고하게 된다고 믿는다.

**자동차 세일즈
실전 안내서**

2. 내가 경험한 고객님들

첫 고객님

김○○ 고객님. 웅진코웨이 입사를 앞두고 출퇴근 목적으로 경차를 구매할 생각이셨음. 영업활동으로 얻은 첫 고객인만큼 그 의미도 깊었음. 2016년 7월 5일에 입사한 후 회사가 요구하는 기본적인 교육을 받으며 신입교육 직전에 계약을 얻어낸 고객님. 오산 시내를 걸어 다니면서 자동차정비업소 위주로 명함과 물티슈를 돌리며 영업사원임을 알리고 있을 때, 마침 쉐○○ 경차인 스파크를 찾으시는 친구분을 소개해주신 덕분에 계약까지 이루어진 첫 고객님.

차량 출고 후 꾸준하게 연락을 드리고 있으며 아직도 첫 고객님에 대한 고마움을 전화와 사은품으로 감사를 표시하고 있음.

순조로운 출발로 자리를 잡는데 큰 도움을 주신 고객님께 진심으로 감사드립니다.

두 번째 고객님

박○○ 협력사 대표님.

전단 작업을 위한 차량문의로, 협력업체에 방문하여 직원용 차량이 필요하다고 하셔서 말리부 차량을 판매하게 된 고객님. 말리부 차량에 대한 사전지식이 많이 부족할 때였기에 상담내용이 지금보다는 어설펐지만 자료를 통하여 차근차근 설명해 드린 점을 높이 평가해주셔서 계약까지 성사되었음.

전 차량에 대한 카탈로그 자료를 근거로 말리부 차량에 대한 좋은 점을 부각하여 설명한 점이 계약으로 잘 이루어진 사례.

세 번째 고객님

이○○ 고객님. 부부가 함께 방문하여 남편분이 출퇴근용으로 사용할 연비가 좋으면서 유지비가 저렴한 차량을 찾으심. 이에 맞춰 스파크에 최소 필요한 옵션만 추가하여 차량의 안전성을 설명해 드리고 되도록이면 친절한 상담이 되도록 노력함. 상담 후 얼마 지나지 않아서 계약이 이루어졌으며, 차후 남편분이 회사 동료가 차량을 구매할 때 적극적으로 추천해 주셔서 추가 판매까지 이루어주신 고마운 고객님. 경차판매로 인한 추가로 소개로 이어진 좋은 상담사례임.

고객님, 정말 감사드립니다.

네 번째 고객님

박○○ 고객님.

올란도 차량에 대한 많은 사전정보를 가지고 계셨고 최종 상담 후 계약을 진행했던 고객님. 차량뿐만 아니라 차량에 장착되는 부수적인 것에 대하여 많은 정보를 요청하였기에 업무를 진행할 때 당혹스러운 경우를 자주 경험하게 했던 고객님. 하지만 그런 경험 덕에 어떻게 대응해야 하는지를 배우게 해주셨던 고객님. 차량에 대한 전문지식을 넓혀야 빠른 대응이 가능하다는 것을 일깨워 주셨으며, 효율적인 판매란 어떤 것인지를 생각하는 계기가 된 고객님.

정말 감사드립니다.

다섯 번째 고객님

홍○○ 스파크 고객님. 캐피탈 업무파악이 중요하다는 것을 알게 해주신 고객님. 첫 상담과 할부 및 캐피탈 업무관련 설명에 대한 전문성이 부족하여 계약 후 서로 이해하는 부분이 상이하여 계약해지로 이어질 수도 있었던 고객님. 하지만 동료 선배님과 여러 캐피탈 사 직원분들과 협의하여 고객님께 맞는 캐피탈 회사를 잘 찾아드려서 최종 출고까지 무사히 마치게 된 고객님. 판매 이후에도 운영하시는 미용실에 자주 찾아뵙고 인사드렸으며 가끔 안부 전화 주시는 친근한 고객님.

정말 감사드립니다.

여섯 번째 고객님

황○○ 스파크 고객님. 신입초기에 구매한 스타렉스 차량을 광고차량으로 이용하여 사거리 빈 공터에 세워두었는데, 차량광고를 보시고 연락 주서서 최종 상담 후 차량계약이 이루어진 사례이며 차량광고를 통한 매출로 기록된 첫 고객님. 차량광고는 땅주인의 항의로 인해 얼마 후 접을 수밖에 없었지만, 고정적인 광고부지와 광고판이 주변 사람들에게 미치는 영향이 적지 않았음을 잘 알게 된 사례임.

중고차를 처분하는 첫 고객님이었으며 신차 판매와 중고차량 판매, 각종서류 등을 꼼꼼히 챙겨야 했던 계약 사례였음. 또한 개인사업자로 구매하신 첫 사례였기에 경차 부가세 환급 관련 업무를 알게 해주신 고마운 고객님.

정말 감사드립니다.

일곱 번째 고객님

조○○ 말리부 고객님. 회사 차원에서 제공되는 신차 구매관심 고객님 중에서 실제로 계약과 매출로 이어진 첫 사례였음. 당시 말리부 차량이 출고가 지연되는 상황이었지만, 카톡과 문자로 이어지는 고객관리를 통해 최초 출하까지 완료된 고객님. 또한 타지역 고객님께 차량이 판매된 첫 사례이기도 해서 기억에 많이 남음. 신차를 받기 위하여 고속버스를 타고 오셨던 고객님. 지금은 거리상 가까운 정비소를 이용하고 계시고 추가 소개 건 역시 지역 신차 판매사원를 이용하고 계시지만 신입시절 타 지역에 계신 분께 차량을 판매한 소중한 경험을 주신 고객님.

정말 감사드립니다.

여덟 번째 고객님

김○○ 말리부 고객님. 지역사회에서 처음으로 계약한 고객님. 계약 후에 중학교 후배임을 알았던 계약사례. 상담 시에는 몰랐지만 상담을 통하여 가까워지고 최종 계약이 된 후 중학교 후배임을 밝히셨던 고객님. 영업사원이 먼저 아는 체를 하는 것보다, 차량 상담이라는 업무를 주로 이야기하고 모든 것이 끝날 때쯤 서로 안면 있음을 밝히는 것이 중요했던 사례.

신차 인도 시 라디에이터에서 수증기가 많이 발생하여 당혹스러웠던 기억이 있으며, 차량을 출고할 때 물 세차를 한 수분이 라디에이터에 남아서 차량의 열이 발생되면 한동한 건조될 때까지 수증기가 발생된다는 점을 알게 되었던 출고 사례. 문제가 있는 차량이 아닌가 깜짝 놀랐던 사례이기에 기억이 분명한 김○○ 중학교 후배 고객님.

정말 감사합니다.

아홉 번째 고객님

김○○ 캡티바 고객님. 첫 대형 SUV 차량을 구매하신 고객님. 차종에 대한 정확한 사전지식과 타 차종을 잘 비교하여 원하는 차량에 대한 확신을 가지고 구매한 사례임.

국내 SUV 차량의 종류가 한정적이고 풀 체인지 전이라 안전한 차량에 대한 선호도가 높고 에디션 모델 차량을 통해 개인적인 개성을 추구하셨던 고객님. 당직 날 충분한 시간을 상담하고 최종 계약으로 이루어진 고객님으로 카톡 안부에 항상 답변을 성실이 올려주시는 고마운 고객님.

정말 감사드립니다.

열 번째 고객님

김○○ 트랙스 고객님. 첫 소형 SUV 트랙스를 판매한 경우이고, 영업활동 중 3단접지라는 소형 팜플렛을 자동차에 삽입하는 영업과정에서 얻게 된 고객님. 팜플렛에 적힌 나의 연락처를 보고 전화를 주셔서 퇴근 후 매장에서 늦은 시간까지 상담하여 최종 계약과 판매로 이어졌던 경우임.

좀 더 저렴하게 구매하기 위하여 전시차를 구매하셨으나 전시차의 특성상 배터리 성능이 좋지 않아 배터리 무상 교체까지 도와드렸던 경우임. 자동차 회사에서는 배터리 교체를 잘 해주지 않지만, 이분의 경우에는 그렇게 추운 날씨도 아니었고 방전되는 횟수가 많아서 대리점 소장님과 AS담당자와 협의를 하여 배터리 교체까지 잘 마무리된 경우였기에 현재까지 연락을 자주 주고받는 관계임. 배터리가 방전 때마다 마음이 좋지 않았을 텐데 화 한 번 안 내시고 잘 대응해 주신 고객님.

정말 감사합니다.

열한 번째 고객님

최○○ 고객님으로 스파크 구매 고객님. 어느 한적한 당직 날 부녀가 함께 매장을 방문하여 스파크를 구경하고 상담하여 최종 계약으로까지 이어진 사례임.

젊은 여성분들이 다루기 가장 편한 자동차는 경차임을 구매 예정자들은 잘 알고 있었기에 국내 경차 중에서 안전성과 실용성을 잘 강조하였고, 궁금해 하시는 점을 차근차근 설명한 덕분에 원활하게 진행된 경우. 국내 경차 라인업이 한정적이라 현재 팔고자 하는 차량에 대한 장점과 타사 차량의 단점을 잘 비교 설명하고 여성분들이 많이들 걱정하는 "차에 대하여 잘 모른다."는 말에 도움이 필요할 시 꼭 도와드리겠다는 약속을 하며 사후 AS에 대한 믿음을 주고 차량 계약 판매까지 이루어진 경우임. 카 매니저를 전적으로 신뢰해주시고 계약에서 출고까지 원활히 따라와 주신 고객님.

정말 감사합니다.

열두 번째 고객님

곽○○ 고객님으로 스파크 구매 고객님. 당직 근무를 할 때 방문하지 않고 전화로 상담을 요청하시는 분들이 계신데 차량에 대한 문의나 할인, 그리고 어떤 차량을 선택해야 하는지를 카 매니저에게 물으셔서 카톡으로 견적서를 발송하고 이후 내용수정 및 최종 색상까지 선택하시어 계약까지 이루어진 사례임.

모든 전화 문의는 구매 의사를 가지고 있다고 생각해 끈질기게 연락하여 성실한 모습으로 임하다 보니 믿음을 주고 계약 진행까지 가지고 올 수 있었던 사례임.

저녁 무렵 고객님이 계시는 곳까지 이동하여 차량 안에서 설명을 드리고 중요 할부서류 서명까지 완료하고 계약을 진행했던 건이라 기억이 많이 나고 구매자는 신규 입사한 따님이 타는 차량을 구매하기 위함이었기에, 그 이후에도 자주 차량에 대한 문의가 있을 시 연락을 주고받음. 전화 상담을 받다 보면 무례하게 대하는 고객님들이 있는데 꼬박꼬박 존칭해 주시고 온화하게 상대방을 대하는 뛰어난 인성을 지니신 분으로 거래 후에도 상당히 뿌듯했던 고객님.

정말 감사합니다.

열세 번째 고객님

이○○ 고객님으로 트랙스 구매 고객님. 국내 소형 SUV 차량이 많지 않았을 때 티볼리와 QM3를 트랙스와 비교하였고, 차량에 대한 비교 설명과 장점을 잘 설명해 드리고 안전성과 신뢰성을 말씀드리며 원활한 상담 후 최종 계약까지 진행된 사례임.

핸들파워스티어링에 문제가 있어서 오전 일찍 자택 주차장으로 이동하여 출동서비스 불러드렸고, AS센터에서 문제의 원인과 해결방안 제시해 최종 주행 TEST까지 완료하고 차량을 인도한 경우임.

핸들 관련 문제가 발생하여 고객님께서 매우 불쾌해하셨지만 신속하고 정확한 조치, 그리고 원인에 대한 정확한 설명으로 카 매니저에게는 우호적이었음. 제조회사와 AS센터를 향해 불편한 마음을 표현하였지만 관계가 무너지거나 신뢰를 잃지는 않은 경우. 하지만 본인의 의사로 차후 차량은 타사로 옮겨 갈 것이라 자주 말씀하시는 고객님. 그 이후 핸들 잠김 문제가 있는지 문의했는데 이상 없이 잘 타고 계신다고 하셨음. 차량에 대한 불만족을 잘 다스리며 그래도 카 매니저에겐 어떠한 불평도 없이 서로 합의한 내용으로만 컴플레인 하며 화를 잘 다스릴 줄 아는 현명한 고객님.

정말 감사합니다.

열네 번째 고객님.

오○○ 고객님으로 트랙스 구매 고객님. 이 차량이 판매될 시기에 노후 경유차 조기 폐차 시기와 맞물려서, 회사 차원에서 할인과 조기 폐차비 지원 등 경제적인 이점이 발생되는 시기에 신차로 옮겨가시는 경우였기에 차종과 차량의 등급, 그리고 유종의 차이로 발생될 경제성 등으로 소형 SUV 차량을 구매하게 된 경우임. 나중에 알게 되었지만 지인의 외삼촌 되시는 분이기에 가끔 찾아뵙고 이야기를 나누는 사이로 발전하게 됨.

소방 관련 업무를 하시기에 차량 사고 현장에 대한 경험이 많으셨고, 그렇기에 차량 강판의 견고함과 전체적인 안전성에 대한 강한 주관이 있으셨기에 안전성에 대해 집중적으로 의견을 나눴으며, 이 시기에 안전성에 대한 전문적인 지식이 필요함을 알게 되었음. 내가 팔고 있는 회사 차량의 안전성을 알고 있는 것도 중요하지만 타사 차량에 대한 안전성에도 관심을 기울이고 신차 판매사원으로서 안전성은 무엇인가라는 원칙을 세우게 된 계기를 마련해주신 고객님.

만날 때마다 좋은 조언을 아끼지 않는 센터장님, 정말 감사합니다.

열다섯 번째 고객님

김○○ 고객님으로 스파크 구매 고객님. 경차 구매를 고려한 고객님이며 출퇴근 용도로 사용하기를 원하셨기에 합리적인 가격과 성능, 그리고 안전성이 있는 제품으로 계약하기를 원하셨기에 이에 맞는 제품 중에서 할인되는 적당한 차량으로 설명해 드리고 기타 필요한 것만 제공해 드리는 방식으로 원활히 진행되었던 고객님.

차량에 대한 정보와 각종 가격 등 모든 정보는 이미 인터넷 매체를 통하여 사전조사가 완료된 상태로, 실제 구매에 있어서 그날 분위기와 그날 만난 상담사와의 대화 등으로 최종 선택까지 결정했던 고객님. 실제 구매예정자분들은 길게는 3개월 짧게는 1달 동안 구매할 차종을 사전점검한 후 매장에 방문하는 경우가 있기 때문에 손님이 원하는 방향을 거스르지 않고 원활히, 물 흐르듯 이끌어 주기만 하면 된다는 것을 알게 된 경우임.

억지로 다른 차량을 추천하거나 이러한 옵션을 넣어야 한다는 등 신차 판매사원이 고객님의 의향을 무시한 채 강압적으로 차종과 옵션을 선택하면 안 된다는 것을 잘 알려준 고객님.

정말 감사합니다.

열여섯 번째 고객님

유○○ 고객님으로 스파크 구매 고객님. 꾸준한 영업활동 방법 중에서 현수막이라는 매체를 통하여 연결되었던 고객님이었고, 매장으로 방문을 유도하여 원하는 차량과 원하는 옵션, 색상을 선택하시게 하여 최종 계약 및 출하까지 진행되었던 고객님. 경차라는 차량의 특성에 맞게 비교되는 경차 중에서 안전성과 경제성을 중점적으로 설명해 드렸음.

현수막이라는 고정적인 광고방법으로 얻게 된 고객님이라 의미가 남달랐고, 이때쯤에 현수막 광고를 하루에 10개에서 5개 정도 꾸준하게, 시간이 날 때마다 걸었음. 환경미화원분께서 자주 떼어 가시거나 경쟁사에서 줄을 끊어 버리기도 하여서 다양한 방법으로 현수막을 걸어보는 시도를 하였고, 전동드릴과 피스를 이용하여 고정하는 방법까지 사용하였음.

고정적으로 광고를 하는 것이 자신을 빠른 시간 안에 알리는 방법임을 잘 알았고 효과가 있는 방법임을 알게 되었지만, 이제는 현수막 광고라는 것 자체에 많은 제제가 있을 것으로 예상되어 새로운 광고방법을 고안해 내야 하는 것이 당면과제이기도 함. 현수막을 매개체로 계약 후 출고까지 진행해 주신 고객님.

정말 감사드립니다.

열일곱 번째 고객님

임○○ 고객님으로 올란도 고객님. 매장 방문 후 꾸준한 고객 관리를 통하여 계약과 매출이 일어난 경우이고, 영업사원의 노력과 회사차원에서의 공격적인 마케팅이 차량판매 증대에 영향을 미친다는 것을 잘 알게 된 경우임.

이분께서는 매장에서 올란도 차량을 구매 예정차량으로 생각하셨고, 타사의 카니발 차량과 비교 중 카 매니저로부터 받은 할인관련 문자와 인터넷을 통한 차량할인 정보가 최종 차량의 구매결정으로 이루어져 계약까지 이루어진 사례. 계약을 진행하기 위하여 고객님의 회사에 방문하여 최종적으로 상세한 부분 설명을 마친 후 계약 출고가 완료된 고객님. 영업사원의 역량도 중요하겠지만 실제 구매 예정자분들께서 가장 접하기 쉬운 정보는 인터넷 매체를 통한 사전정보 습득이기에 차량의 강점 및 타사보다 나은 조건 제시 등을 꾸준하게 홍보 마케팅을 펼쳐야 하는 이유를 알게 되었음. 즉 차량 브랜드마다의 특징이 있음을 잘 알아야 한다는 것임. 예를 들어 현대기아차는 차종의 라인업이 많고 다양하기에 항상 새롭고 신선한 차동차를 끊임없이 뽑아낸다고 인식되며, 쌍용 같은 경우는 4륜 구동관련과 SUV 라인업, 픽업차량 라인업이 강점이며, 르노삼성 자동차의 경우 차종은 다양하지 않지만 삼성과 르노라는 브랜드 이미지를 차량에 적절히 흡수되도록 차량의 디자인 및 마케팅이 차별화된 점 등으로 설명할 수 있다고 그 당시 생각했음. 그렇다면 쉐보레의 이미지는? 내가 판매하는 차량에 대한 국내 소비자의 인식은 무엇인가에 대해 생각해 보았고, 그 후 인터넷을 통한 르쌍쉐라는 인식에 어떻게 대처해 나가야 하는지를 고민해보는 계기가 되었던 것 같음.

이토록 영업사원의 노력과 제조사의 마케팅의 절실함이 있어야 동반성장이라는 것이 가능하다는 원칙을 알게 해주신 고객님.

정말 감사드립니다.

열여덟 번째 고객님

이○○ 고객님으로 트랙스 구매 고객님. 신입사원 교육 중에 받았던 내용 중 버드독이라는 용어가 있음. 고객창출은 고객으로부터 발생된다는 의미로 받아들이면 되는데, 앞에서 출퇴근 용도로 구매하신 고객님의 소개로 찾아오신 고객님으로 트랙스 차량을 판매한 경우임.

한 회사에 계신 두 분이 한 카 매니저로부터 차량을 구매하셨기에 그분들에 대한 보답으로 계절별 사은품 전달 및 추석과 설을 앞둔 경우에는 기본적인 차량 관련 점검으로 방문하여 관계를 탄탄하게 쌓아 두었음. 차량을 매개체로 새로운 사람이 만났을 때 제일 중요한 건 진심으로 상대방을 존중하고, 나이의 위아래를 떠나서 책임과 신뢰를 쌓아야 하는 관계라는 걸 항상 주지해야 된다는 것을 알게 되었음. 나이가 어려도 나에겐 고객님이기에 동생으로 대하면 안 되는 점이 있음. 처음 만났던 첫인상을 간직할 수 있도록 지속적으로 유지해야 한다는 것의 중요함을 일깨워준 고객님.

정말 감사드립니다.

열아홉 번째 고객님

견○○ 고객님으로 트랙스 구매 고객님. 최초로 친구에게 차량을 판매한 경우임. 이 친구는 고등학교 때부터 친한 친구이나, 사회생활을 하면서 가끔 볼 수밖에 없을 정도로 먼 지역에 거주해 만나기 어려웠지만 먼저 연락하여 차량구매 정보를 알려 달라하고 친구의 매장에 방문하여 최종 계약까지 이루어진 경우.

아무리 친한 친구라지만 상대는 고객의 입장으로 설명을 해야 했고 가끔은 친구가 아닌 고객으로 대해야 하는 부담감이 생기기도 할 때가 있었음. 무슨 말이냐면, 이 자동차 판매업이 내가 만들어 놓은 시장이 아닌 이미 만들어진 시장이기에 대부분의 차량구매자들은 이러한 인식을 가지고 있음. "이왕이면 친구에게 팔아줘야지. 이왕이면 친척분에게 계약해야지." 같은. 그게 아니면 "아는 사람에게 구매하면 나중에 아쉬운 소리 못 하니까", "생판 모르는 사람에게 사야지 문제 있을 때 마음 놓고 따지지." 등 다양한 인식이 저변에 깔려 있음을 알게 됨.

"이왕이면 너에게 사줄게."라는 말이 왠지 모르게 그 당시의 나를 주눅 들게 함. 친구니까, 아는 지인이니까 고맙게도 나에게 사주는 것이구나 하고. 지금 생각하면 구매하고 싶은 차종의 설명을 편하게 나를 통하여 듣고 싶었기에 나에게 연락해 준 것뿐이었음. 판매되고 안 되고를 떠나서 친구와 친구로 편하게 설명해주면 되는 것을, 차량판매 대수에 연연할 수밖에 없는 현실이 친구를 대하는 나의 태도가 자동차 판매의 전과는 다르다는 것을 알게 되었음. 이러한 심정의 변화를 극복하는데는 시간이 꽤 필요하며, 그 일정시간이 지나야 차량판매에 연연하지 않고 편하게 설명하게 되는 시기가 온다는 걸 알게 됨.

친구야, 날 믿고 구매해줘서 고맙다.

스무 번째 고객님

　김○○ 고객님으로 말리부 구매 고객님. 말리부 차량이 신차 출시 이후 약간의 시간이 지났을 때, 말리부라는 차량이 도로 곳곳에서 또는 주변 지인을 통해 알려질 때쯤 말리부에 대해 알게 된 구매 예정자분들이 매장을 들러서 구체적인 설명을 통한 확신을 얻은 후 최종 차량 계약으로 이어진 경우임.

　신차 중에서 유독 신차 검수에 신경이 쓰이는 차량 색상은 블랙색상의 차량임. 잔 기스와 스크래치, 얼룩 등이 화이트 계열 차량보다 유독 눈에 잘 띄고 미세한 도장불량도 확연히 도드라지는 경우가 많기 때문. 도장이 아무리 잘되어 있어도 신차 세차 중에, 또는 이동하는 동안에, 최종용품을 장착하는 경우에도 예상치 않게 스크래치나 잔 기스가 발생할 수 있음. 자동차 성능에는 전혀 문제가 되지 않지만, 신차라는 특수성 의해 고객이 무결점의 완벽한 차량을 받고 싶어 하는 것은 당연한 일임.

　하지만 그것도 정도가 있는 것이고, 제조사가 최종 합격 통지를 내린 상태로 출고된 차량을 무조건 인수 거부할 수는 없음. 때문에 제조사에서도 놓친 미세한 부분의 잔 기스 등은 고객님께 이해를 요청하며 인도하는 경우도 있고, 인도받지만 약간의 보상을 원하는 고객님들도 계셨음. 개개인의 취향이나 너그러움에 차이는 있기 마련이지만 카 매니저로서 가장 먼저 해야 할 일은 고객이 발견하기 전에 미리 찾아내 문제를 해결하거나 문제의 해결방안을 갖추고 있어야 한다는 것임. 그것이 나를 믿고 최종 구매해 주신 고객님에 대한 믿음과 신뢰를 지키는 방법이기에 특히 검은색 차량에 대한 각별한 검수가 필요함.

특정(검은) 색상의 검수의 중요성을 알게 해준 고객님.

정말 감사드립니다.

스물한 번째 고객님

김○○ 고객님으로 말리부 구매 고객님. 주기적으로 3단 접지 광고를 반나절 가량 차량에 삽입하였고, 그러는 와중 차량문의를 해오셨고, 퇴근 후 매장에서 차량에 대한 자세한 설명과 신뢰를 드리고 최종 차량계약까지 이루어진 경우임.

내가 살고 있는 지역에는 산업단지가 있음. 산업단지는 회사 주차장이 협소하여 길가에 일렬로 주차된 차량이 상당히 많기에 일주일에 한 번 정도는 2시간이나 3시간을 할애하여 3단 접지를 일일이 차량에 꼽고 다녔음. 차량마다 꼽는 위치가 약간씩 다름. 차 문을 여는 손잡이에 홈이 있는 경우 반을 살짝 접어서 문을 열었을 때 자연스럽게 뺄 수 있도록 하고, 그렇지 않은 차량들은 문짝과 B필러 사이에 살짝 끼워 넣는 방식을 사용하였음. 주기적인 영업활동을 통하여 얻은 고객님이기에 꾸준한 영업활동이 어느 정도 도움이 될 때가 있다는 것을 보여주는 사례임. 전단지를 통한 영업활동은 시작하면 부담 없이 할 수 있지만 한동안 하지 않을 경우 하기 싫어지는 경우가 발생. 미래의 나의 고객은 내가 아는 고객보다는 모르는 고객이 더 많다는 것을 항상 인지해야 함. 내 지인과 기존 고객님들이 소개해 주는 신규 고객님들은 보험이라고 생각하고, 꾸준하게 신규고객 창출에 노력해야 함. 그것이 전통적으로 실행하고 있는 전단지, 3단 접자, 명함 꼽기 등으로 판매될 차량은 물론 나를 알리는 행위를 지속해 나가야 함. 꾸준한 광고행위가 중요함을 알려주신 고객님.

정말 감사드립니다.

스물두 번째 고객님

정○○ 고객님으로 말리부 구매 고객님. 이 고객님은 구매 이전 사전조사를 마친 고객님으로 매장에 방문하기 전에 적어도 세 곳 이상의 다른 매장에 들러서 견적을 받고 용품을 비교하며 최대한 적은 비용으로 최대의 효과를 얻기를 원했던 경우임. 그러면서도 최종 구매결정으로 이어지지 않았던 것은, 그 누구도 결정을 내리지 않으려 했다는 점을 알 수 있었고 자동차 영업을 하다가도 구매의사가 확실한 경우에는 최종 결정할 수 있는 결단력이 필요하다는 것을 알게 해준 사례임.

이미 자동차 시장은 고객이라는 투사를 만들어놨고 카 매니저나 판매 영업사원은 감성으로 차량을 판매해야 한다는, 다소 아이러니한 상황에 자동차 판매시장이 빠져있다고 이야기한 적이 있다. 그런 투사를 만났을 때 효율적인 판매와 비효율적인 판매의 잣대에서 손님을 놓아줄 것인가 아니면 잡아 둘 것인가를 생각해야 한다. 하지만 최종 결정 근처에서 기분 좋게 원하는 차량을 구매하고 싶다는 고객의 심리를 잘 활용해야 하므로, 서로 양보할 것을 찾고 판매자와 구매자 서로에게 이익이 되는 방안을 찾아야 한다.

구매차량의 본질에 대한 설명보다 그 외 부가적인 용품에 대한 설명을 요구할 때가 있기 마련이다. 인터넷 동호회나 주변 지인의 추천을 통한 과대 서비스 요구를 버텨내기 위해선 논리적인 해설이 바탕이 되어야 한다. 설치될 용품의 좋고 나쁨의 근거와 진실과 거짓정보를 분별할 수 있도록 제대로 알려줘야 고객도 분별력 있게 행동할 수 있다.

직장인은 월급을 받듯이 판매사원은 판매수당을 받는다. 판매수당을 뺏으려는 행위는 불법이며, 판매수당을 지키는 것은 판매자의 당연한 권리임을 상기하며 판매수당까지 넘겨주면서 판매행위를 하는 영업사원은 사라져야 한다.

또한 이를 묵인하는 모든 이해관계자에게는 엄중한 자기반성이 필요하다고 생각한다. 과대 서비스는 판매사원들 사이에 불신과 마찰을 가져오므로, 차량판매가 개인적인 일임에도 공동체적인 의무도 필요하다는 것을 알게 되었다.

이처럼 자동차 판매시장이 냉혹한 곳임을 다시금 알려주신 고객님.

정말 감사드립니다.

스물세 번째 고객님

장○○ 고객님으로 스파크 구매 고객님. 국내 국적이 아닌 분께 차량을 판매하게 된 첫 번째 사례임. 매장에 방문하셔서 출퇴근 용도로 사용할 경차를 구매할 생각이셨고, 원하시는 취향과 스타일을 반영하여 재고 할인 차량과 경제성 높은 에코 모델을 추천하여 최종 계약으로 이루어진 사례.

외국인분들이 차량을 구매하는 것은 대부분 출퇴근 목적으로, 경차 위주 구매에서 점진적으로 중대형 차량으로 이동하는 것이 지금의 추세이다. 다만 구매를 할 때 내국인과 다르게 여러 가지 서류를 제출해야 하고 선수금 등이 요구되는 등 복잡한 부분이 있다. 그래도 대부분은 그러한 요구를 잘 이해하고 대응해주시기 때문에 원하는 차량을 제대로 선정해 준다면 판매에 어려움은 없다고 본다.

매장을 방문할 시, 나는 "외국인이요."라며 선전포고하고 오시는 분들은 없다. 그렇기에 차량에 대한 스펙과 기능을 설명할 때는 문제가 되지 않지만, 할부 개월 수나 선수금에 대해 내국인과 동일한 조건이라고 이야기하는 것은 차후에 문제가 될 소지가 있다. 그렇기에 본모습을 가지고 판단하기 전에 사실적으로 문의를 한다. 직설적으로 "외국인이시죠?"라고 묻는 것은 좋은 방법이 될 수 없기에 간접적으로 돌려서 "고향이 어디 신지요?" 또는 "실례가 되지 않는다면 국적을 여쭤봐도 될까요?" 등 원활하고 정확한 상담정보를 드리기 위해서는 내국인과 외국인은 할부 개월 수가 다를 수 있음을 양해 부탁드린다는 점을 말씀드려야 한다.

아무튼 조건이 달라지므로 정확한 사실은 먼저 파악하는 게 중요하며, 사실 확인을 위한 질문 방법은 최대한 기분 나쁘지 않게 하면 되는 것이다. 외국인 같은 내국인도 있고 내국인 같은 외국인도 있기 마련이므로 대화를 통하여 알아내야 하는 것은 카 매니저의 몫이다.

결국 국적은 큰 의미가 없고 동등한 고객님으로 상담을 부드럽게 이어가는 것이 중요하다.

대화의 중요성을 알게 해주신 고객님.
정말 감사드립니다.

스물네 번째 고객님

강○○ 고객님으로 말리부 고객님.

이 시기는 자동차에 대한 구조적이고 기능적인 설명을 핵심적으로 하였던 시기임. 그렇기에 다른 매장에서는 알 수 없었던 내용을 좀 더 속 시원히 알게 되었다고 하는 고객들이 계셨고, 특히 젊은 분들은 기본적인 내용은 모두 인터넷을 통하여 알고 있고 좀 더 깊이 있는 말리부의 이야기를 듣고 구매로 이어지는 경우도 종종 생겼음. 특히 서스펜션의 중요성과 서스펜션의 영향으로 주행 시 변화하는 안정성과 위험성이나 자동차 판매 회사에서는 잘 다루지 않는 실제 도로 주행 시 나타나는 장단점 등을 개인적 경험과 많은 시승 동영상 같은 것을 참고로 설명하여 고객의 호응을 이끌어냈고 최종 계약으로 이루어진 사례임.

고객의 호응이 중요하다는 점을 알게 된 사례. 차량의 설명도 고객의 호응이 있어야 잘 이끌어갈 수 있고 그 결과도 만족할 수 있음. 하지만 내가 가지고 있는 정보가 고객의 호응을 이끌어낼 만한 주제와 이야기가 있는지 스스로 점검해 봐야 함. 재미없는 설명은 고객을 지루하게 만들며, 구매 의사마저 흐려놓게 되므로 항상 스토리텔링이 될 만한 자동차 이야깃거리를 만들어야 함. 그리고 세부적으로 각 차종마다 스토리텔링을 준비해야 매장에서 어느 누구와 상담하여도 주눅 들지 않고 즐거운 설명을 할 수 있음.

예를 들어 명칭에 대한 설명부터 고객을 이해시킬 수 있는 쉽고 재밌게 다가서야 함. 그것이 공감으로 이어지고, 호응을 유도하며, 최종적으로 그 즐거움이 계약의 발판이 됨.

저자는 말리부라는 차량을 판매할 때 주로 머릿속에 있던 이야기로 예를 들곤 한다.

"말리부는 요 차량의 이름이지만 캘리포니아의 한 해변가 도시 이름이기도 하죠, 편하게 생각하시면 오산시 갈곶동처럼 캘리포니아주의 말리부시라고 보시면 됩니다."

"아, 도시 이름이구나."

"더불어서 국내에 출시된 모델은 8세대 모델, 그리고 지금 보고 계시는 차량은 9세대 말리부로 그 역사와 전통이 족히 50년 넘게 유지되어온 브랜드입니다. 말리부가 국내뿐만 아니라 전 세계적으로 그 전통과 역사를 같이한다고 보시면 됩니다. 혹시 영화 아이언맨 보셨는지요?"

"예. 마블 영화 좋아합니다."

"토니 스타크가 나오는 영화이지요. 배우 이름은 로버트 다우니 쥬니어인데, 스타크 별장이 폭파되는 장면 기억나시죠? 그 별장의 배경이 바로 말리부 해변입니다. 그 장면이 전반적인 말리부의 이미지를 대변해 주고 있죠. 시원한 바람과 풍요로운 해변이 주는 삶의 여유로움을 차량 디자인에 녹여 낸 것이 바로 이 말리부입니다. 자동차를 구매하실 때 브랜드가 주는 의미가 있는 차량들이 있는데, 그런 면에서 말리부의 디자인에서 카 매니저인 제가 느끼는 것은 이겁니다. '이 차량을 타시는 분들은 좀 더 여유롭고 즐거운 여가생활을 할 수 있는 합리적인 분들'이라는 것."

상담은 항상 재미있고 유익하면서 호응을 이끌어내고, 팔고자 하는 자는 팔려는 차에 대한 자긍심이 있어야 하며 구매하고자 하는 자는 구매차량에 대한 확실한 감정이 있어야 한다. 그 목적을 이루기 위해서 대화방법과 설명방법이 다양해져야 하고, 때문에 끊임없이 연구개발해야 한다는 것을 자동차 영업을 하는 분들은 알아야 한다고 본다. 이미 보이지 않게 몸에 밴 분들도 계시고, 저자보다 훨씬 뛰어난 분들도 국내 시장에는 분명히 존재하지만, 나는 딱 1년만큼 경험한 것을 바탕으로 글을 적어가고 있고 내 판단에 부정을 하지 않기에 다른 생각이 있음을 환영하며 서운해하지 않는다. 그래야 언젠가 '속고 속이는 자동차 판매 시장이다.', '영맨이다.'와 같은 부정적인 인식에서 벗어나 서로 간의 인식전환을 통하여 상호존중하고 대우받는 상황에서 판매와 구매가 이어질 것이라 믿기 때문이다.

호응의 중요성과, 판매를 한다기보다는 전달한다는 의미로 영업해야 한다는 마음가짐을 갖는 계기를 준 고객님.

정말 감사드립니다.

**자동차 세일즈
실전 안내서**

스물다섯 번째 고객님

복○○ 고객님으로 트랙스 구매 고객님. 고객님의 맨 파워를 믿어보자고 생각하게 된 계기임. 언젠가 매장에서 자동차를 상담해 드렸을 때 본인이 구매하지 못하더라도 꼭 지인을 소개해주겠다고 장담하신 분께서 정말 본인의 동생분을 적극적으로 소개해주셔서 차량 판매까지 이어진 사례임.

매장에 방문한 고객님이든 전화상으로 문의가 있으신 분들이든, 어떠한 경로로든 연락을 취하게 된 모든 고객님들에게 최선을 하는 모습을 보여 주어야만 최소한의 결과를 얻을 수 있다. 최소의 결과는 하나 또는 둘 이상의 큰 결과를 가져올 수 있기에 항상 고객님의 의견에 귀를 기울이고 경청하며 차량설명과 기능설명 등을 대충하기보다는 상대방이 잘 이해할 수 있게 간단하면서도 조리 있게 해야 한다. 그래야 듣고 받아들이는 고객은 대우를 받았다고 생각하며, 앞으로도 대우를 받을 수 있을 것이라 생각하게끔 해야 한다.

전화상담도 마찬가지다. 궁금한 부분에 대한 답변도 중요하지만, 충분한 설명을 받았다고 느낄 수 있을 만큼 자세하고 친절하게 대응해줘야 차를 사고 싶어 한다. 다시 말해, 지금 말하고 통화하는 사람이 '차를 구매하고 싶다.'라고 느끼게끔 최대한 친절히 잘 실명해야 한다는 것이나.

'말 한마디가 천 냥 빚을 갚는다.'는 속담처럼 우리는 자동차를 두고 언행으로 고객의 환심을 사야 하며, 그 환심이 고객의 구매로 이어지기 때문에 언행의 중요성을 이야기하고 싶다. 차량을 판매하는 동안 영원한 파트너가 될 것이라는 믿음을 심어줘야 하며, 판매차량 이후 적절한 조치 없이 무관심한 태도와 언행을 한다면 결국 관계의 단절을 가져오며 브랜드 이미지도 추락시킨다. 때문에 항상 본인의 언어 구사 방식과 언행에 흐트러짐이 없는지 주의해야 할 것이다.

항상 최선을 다해야 좋은 결과를 가져온다는 보편적 진리를 약속을 지키는 것으로 알려주신 고객님.

정말 감사합니다.

Special thanks!

쉐보레 고객님, 감사합니다!

2016년 8월	첫 판매 김주현 고객님
2016년 9월	효진정공 고객님
2016년 10월	박종만/이근미/홍석진/조윤희/김윤희 고객님
2016년 11월	김광덕/최희숙/김찬인/곽호성/이석종 고객님
2016년 12월	오덕화/김용구/유진숙/임정식/이필규/견동한/김진혁/
	김선종 고객님
2017년 01월	정대직/장진섭/강현/복종민 고객님
2017년 02월	김순호/이주용/이금성/조성비/김정수 고객님
2017년 03월	김도경/박영희/서금미/송정아/안제준/최영신/이혜인 고객님
2017년 04월	사은희/심화선/홍종권/김태현/서정환/정지현 고객님
2017년 05월	허진구/최대효/이재춘 고객님
2017년 06월	진용대/나민수/빙정아/김경숙/박경숙/이은주/윤미진 고객님
2017년 07월	정진연/국봉근/유태진/전길수/백미경/최영민 고객님

2017년 08월	김동현/차준/박성원/지스코리아/최은성 고객님
2017년 09월	안미숙/송창환 고객님
2017년 10월	문성재/박지우/백수인/이재훈/김복근 고객님
2017년 11월	문지훈/이현주/최지영/양정숙/최종임/차승아 고객님
2017년 12월	박성일/서영숙/이영환/강혁준/최성희 고객님
2018년 01월	민범홍/조영옥/홍성하/김민재/박삼용 고객님
2018년 03월	마지막 오재준 고객님. 모두 감사드립니다.

자동차 세일즈
실전 안내서

Special thanks!

현대자동차 고객님 감사합니다!

2018년 04월	안미정/이지영/황일용 고객님
2018년 05월	김정겸/황선도/창조FA 고객님
2018년 06월	장성환/안재준/정현우/사경환/이도윤/주우철/김광만/
	최덕용/양준영 고객님
2018년 07월	최춘범/문용선/송석주 고객님
2018년 08월	정치용/대원전력/차현동/최해숙/아델커튼/백미례/김준범/
	이진노/홍석남/임주택/최종화/김진배 고객님
2018년 09월	김지용/조현기/이명옥/명진/현상택/한미순/GS복계천 고객님
2018년 10월	주영테크/이양자/박용호/이왕주/최구연 고객님
2018년 11월	김원준/김강/김효종/김해용/양오재 고객님
2018년 12월	다복특장/박승현/정영현/안광석/정태용/김경호/이광철/
	손성주/문형수/이수자/김영득 고객님. 모두 감사드립니다.